Rudolf Plehn

Beiträge zur Völkerkunde des Togogebietes

Rudolf Plehn

Beiträge zur Völkerkunde des Togogebietes

ISBN/EAN: 9783744619073

Hergestellt in Europa, USA, Kanada, Australien, Japan

Cover: Foto ©Suzi / pixelio.de

Weitere Bücher finden Sie auf **www.hansebooks.com**

INAUGURAL-DISSERTATION

ZUR

ERLANGUNG DER DOCTORWÜRDE

DER PHILOSOPHISCHEN FACULTÄT DER UNIVERSITÄT
HALLE.

BEITRÄGE ZUR VÖLKERKUNDE
DES TOGO-GEBIETES

VON

RUDOLF PLEHN,

LIEUTENANT IM REITENDEN FELDJÄGERCORPS, COMMANDIRT ZUR DIENSTLEISTUNG BEI DEM
AUSWÄRTIGEN AMT, KÖNIGLICHER FORSTASSESSOR.

MIT 2 TAFELN UND 1 KARTE.

HALLE
1898.

VORWORT.

Es kann nicht meine Absicht sein, im Nachstehenden etwas Abschliessendes oder Erschöpfendes bringen zu wollen.

Ich will nur die Beobachtungen und Erfahrungen niederlegen, die ich während meines über zweijährigen Aufenthaltes im Innern der Togo-Colonie als Chef der Station Misahöhe auf ethnographischem Gebiet gemacht habe.

Zahlreiche amtliche Expeditionen führten mich auch zu Stämmen, über die bisher sehr wenig bekannt war, und daher bin ich in der Lage, mancherlei Neues zu bringen.

Von dem von mir gesammelten linguistischen Material bringe ich hier nur 29 Lieder; die Wort- und Satzverzeichnisse, welche Proben von 18 verschiedenen Stammesidiomen umfassen, unbearbeitet abzudrucken, hatte keinen Zweck. Dieselben werden grammatisch und vergleichend bearbeitet werden und in einigen Monaten als zweiter Theil dieser Arbeit erscheinen.

INHALTS-VERZEICHNISS.

Allgemeines.

Das Gebiet, in dem ich völkerkundliche Untersuchungen betrieben habe, deckt sich ungefähr mit dem Verwaltungsbezirk der Station Misahöhe. Es beginnt im S. bei $+ 6° 20' \phi$, geht im NW. am Volta hinauf bis zur Mündung des Asuokoko ($\phi =$ etwa $7° 20'$); im NW. bildet dann der Asuokoko die Grenze bis etwa zum $8° \phi$. Die N.-Grenze bildet dann der breite Wildnissstreifen zwischen Kebu und Akposso und Adeli. Im NO. ist Atakpame die äusserste zugehörige Landschaft, und im O. bildet der Mono die ungefähre Grenze.

Wir finden in diesem Gebiet die Wohnstätten einer Anzahl kleiner Stämme von ausgesprochener Eigenart, auf die von allen Seiten starke Macht- und Cultureinflüsse eindringen.

An den Rändern des Gebietes und an den Verkehrsadern haben diese Einflüsse schon viel nivellirt und ausgeglichen, während in seinem Innern noch scharf individualisirte Stämme leben. Bei meinen Untersuchungen habe ich vorzugsweise diese kleinen Stammindividuen, über die bisher nur wenig bekannt war, zum Gegenstand gewählt.

Um das sich darbietende Völkerbild leichter verständlich zu machen, gebe ich in gröbsten Umrissen und rein morphologisch eine Beschreibung der Terrain-Gestaltung des Gebietes.

Die Streichrichtung der Gebirge zwischen Volta und Mono geht in der Hauptsache von SW. nach NO. In der Mitte ziehen sich als Hauptzug die sogenannten Fetischberge hin, die in einzelnen Punkten über 1000 m hoch ansteigen und die in Akposso und Deine kleine Hochplateaus von etwa 900 m Höhe bilden.

Die Fetischberge sind die Wasserscheide zwischen dem Volta einerseits und dem Mono und seinen unbedeutenden Parallelflüssen Haho und Sio andererseits. Sie sind an einzelnen Stellen von tiefen, bis fast zum Niveau der angrenzenden Ebene hinabreichenden Erosionsthälern durchschnitten und stürzen an vielen Stellen schroff und felsig nach O. und W. ab. Sie sind reich an nie versiegenden Quellen und Bächen und haben grosse Strecken äusserst fruchtbaren Landes.

1

Sie sind in vielen Theilen sehr schwer zugänglich und reich an steilen Schluchten und Klüften. Nach N. zu, im Land der Kebu und Akposso. verbreitern sie sich zu einem 30—40 km breiten Plateau. nach SW. setzen sie sich zum Volta hin in schmäleren, allmählich niedriger werdenden Kämmen fort.

Parallel mit den Fetischbergen laufen im W. des Gebietes, in der Nähe des Volta, die Bergzüge von Buëm und Nkunya. Es sind dies die Züge von Borada. Santrekofi, Lavanyo, Nkunya, Worawora, Tapa und Nyeasekang. deren höchste Erhebungen im Nkunya-Berg und im Oboguang 800 m nicht übersteigen. Dicht am Volta laufen unbedeutende Hügelreihen diesen Bergen parallel. Von den Fetischbergen sind die nächsten dieser Gebirgsketten durch eine etwa 15 km breite Ebene geschieden.

Diese Bergzüge, unter sich nicht zusammenhängend. haben einen weniger unwegsamen und wilden Charakter und sind weniger wasserreich. Gutes fruchtbares Land ist auch in ihnen reichlich vorhanden.

Östlich von den Fetischbergen, und im N. durch eine Bergkette mit ihnen verbunden, zieht etwa 15 km von ihrem O.-Rand entfernt eine unregelmässige Hügelreihe mit Unterbrechungen bis zum etwa 1000 m hoch ansteigenden Stock des Agu-Gebirges. Der höchste Gipfel dieser Reihe, der Loboto im S. von Atakpame, erreicht eine Höhe von nicht über etwa 500 m.

Der ganze SW.-Theil bis fast zum Agu hin ist völlig unbewohnt. obwohl er genügend bewässert ist und fruchtbare Landstriche enthält.

Von den Gipfeln dieses Bergzuges aus verliert sich der Blick nach O. weit über den Mono hinaus in eine weite. sanft gewellte Ebene, aus der in verschwimmender Ferne einige kleine zuckerhutartige Kegel scheinbar zusammenhanglos auftauchen.

Das Agu-Gebirge selbst ist steil und schluchtenreich, überaus stark bewässert und fast durchweg sehr fruchtbar.

Die zwischen diesen parallelen Bergzügen liegenden Ebenen haben ebenfalls grosse Strecken gut bewässerten und fruchtbaren Landes.

Diese Beschaffenheit des Landes, seine natürliche scharfe Gliederung und die Unzugänglichkeit einzelner Theile scheint mir die Bildung bez. Erhaltung dieser vielen kleinen Stämme begünstigt und dieselben vor einem Zerreiben und Aufsaugen durch die mächtigeren Nachbarstaaten. so besonders Ashanti und Dahomeh, geschützt zu haben.

Die Traditionen vieler der Stämme deuten darauf hin, dass sie dereinst als Splitter oder Trümmer eines grösseren Stammes aus ihren alten Wohnsitzen durch einen mächtigeren Feind (es handelt sich fast stets um die Ashanti und die Dahomeh) vertrieben sind und in diesen Bergen ihre Zuflucht gesucht haben.

Leider ist es ungemein schwer. aus der Geschichte der einzelnen Stämme Zuverlässiges zu erfahren, ihre Tradition reicht meist nicht weiter zurück als zwei bis drei Generationen. und frühere Ereignisse sind nur in ganz verschwommenen. sagenhaften Umrissen überliefert.

So ist es auch nur in einzelnen Fällen möglich, die Erinnerungen dieser Stämme an Ereignisse früherer Zeit mit der ja etwas sichereren und weiter zurückreichenden Geschichte von Dahomeh und Ashanti in Verbindung zu bringen.

Gleichwohl bildet die Erinnerung an die Einfälle dieser beiden Völkerschaften und die Furcht, die vor denselben herrschte, den Haupttheil aller Tradition.

Die Vermuthung, dass die Besiedelung des Gebietes zum Theil durch verfolgte flüchtende Stämme und Stammsplitter geschehen ist, die in den unwegsamen Gebirgen Zuflucht suchten, wird durch viele Merkmale wahrscheinlich gemacht.

Es ist unzweifelhaft, dass die Bewohner zuerst auf den unzugänglichsten Bergen sassen; hierfür sprechen die vielen alten Dorfanlagen auf den höchsten Gipfeln, die zum grossen Theil bereits verlassen sind. Viele von diesen Dorfanlagen, so in Avalime, Nkunya, Agome, Buëm, Akposso, Kebu und auf dem Agu, weisen primitive Befestigungen durch cyklopische Steinwälle auf, und um alle diese Stätten webt die Sage Geschichten von Stämmen, die sich dort gegen ihre Verfolger mit oder ohne Erfolg vertheidigt hätten. Erst allmählich bei ruhigeren Zeiten wurden die anliegenden Ebenen besiedelt. Überall tragen die hochgelegenen Dörfer den Stammnamen, und die in der Ebene gelegenen werden als Farmen (Evhe-kofę) derselben bezeichnet.

Auch die Cultusstätten befinden sich in den Bergdörfern; selbst wo dieselben schon längst verlassen sind, werden die Fetischfeste noch auf ihre Stätten gefeiert, ein Zeichen, dass die Eingeborenen in ihnen noch ihren alten Stammsitze anerkennen.

Besonders verlockend musste den ersten Einwanderern das Besiedeln der Gebirge noch durch den Umstand werden, dass dieselben ihnen neben dem Schutz gegen die Feinde auf grossen Strecken auch Wasser und fruchtbares Land im Überfluss darboten.

Dass es bei der Besitzergreifung der einzelnen Gebiete nicht ohne heisse Kämpfe abgehen konnte, liegt auf der Hand, und es würde der vielen Sagen nicht bedürfen, die darauf hinweisen.

Irgend ein System in dieses Wirrwarr von Völkergeschicken nach den Erzählungen der Leute zu bringen, ist nicht möglich, man muss daher die Geschichte jedes einzelnen Stammes, soweit sie sich verfolgen lässt, einzeln betrachten.

Charakteristisch dürfte es jedoch sein, dass die Tradition die Richtungen aller Einwanderungen von allen Seiten der Windrose nach diesen Bergasylen zusammenstrahlen lässt.

So lässt sich auch eine Einwanderung von S., von der Küste und zwar von der Mündung des Volta her, bei einigen Stämmen, wie den Agotime, Avatime, Boviri, constatiren.

Wenn wir also annehmen, dass in jenem Theil Afrikas die Völkerströme im grossen Ganzen die Küste erstreben, so haben wir es hier bereits mit einem Rückstauen derselben zu thun, das, wie die gerade hier noch sehr lebendige Tradition angiebt, in Kriegen und Zwistigkeiten der Stämme, die die Küste erreicht hatten, seinen Grund hatte.

Diese Kriege sind wohl zweifellos in der Concurrenz um Grund und Boden entstanden, und dass eine solche Concurrenz an der Mündung des Volta, dem natürlichen Endpunkt dieser Völkerwanderungen, ganz besonders entstehen musste, ist verständlich genug.[1]

Was die Geschichte der Stämme nach ihrem Festsetzen in ihren jetzigen Domicilen betrifft, so haben die Einfälle der Ashanti und Dahomeh einen grossen Einfluss auf dieselbe gehabt. Wenn auch die bergige, unwegsame Beschaffenheit ihrer Wohnsitze sie vor einer Vernichtung oder Vertreibung schützte, so sind sie doch oft schwer durch dieselben geschädigt worden. Auch unter sich waren die Stämme beständig in Fehde. Ihre Kriege unter einander waren zwar meist wenig oder gar nicht blutig und bestanden mehr in gelegentlichem Wegfangen und Ausrauben von Leuten und Karawanen, höchstens zuweilen dem Verwüsten einzelner Ortschaften, aber die beständige Zwietracht hemmte Handel und Wandel, beschränkte die Eingeborenen auf ihre eigenen Gebiete und störte somit einerseits den Culturfortschritt und begünstigte andererseits die Erhaltung der Stammeseigenthümlichkeiten.

Erst in neuerer Zeit, nach der Niederwerfung der Ashanti und Dahomeh und seitdem der Wegelagerei der einzelnen Stämme durch die Innenstationen gesteuert wird, beginnt der Handel sich zu heben und damit der Culturfortschritt ein schnelleres Tempo anzuschlagen. Von ganz ungemeinem Einfluss ist hierbei auch das Gummi-Bereiten, das in jenen Gegenden erst in neuester Zeit begonnen worden ist und das auch den uncultivirtesten Buschstämmen einen werthvollen Handelsartikel in die Hand giebt, um dessentwillen es sich schon lohnt, zur Küste oder zu den Märkten im Innern zu gehen.

Leider werden mit dem Fortschreiten der Cultur auch die interessanten Eigenarten der einzelnen Stämme rasch vernichtet.

Ich lasse nun folgen, was ich über die einzelnen Stämme, ihre Geschichte u. s. w. in Erfahrung zu bringen vermochte. Grundsätzlich bringe ich nur das, was ich von den Stammesangehörigen selbst an Ort und Stelle hörte bez. dort selbst sah.

Ich schicke dabei voraus, dass ich von einer Beschreibung des im südlichen und mittleren Togo ja weitaus überwiegenden Evhe-Stammes absehe, sondern besonders von den abweichenden Eigenschaften der kleinen, abweichende Idiome sprechenden Stämmen handeln will. In Bezug auf den ersteren verweise ich auf Ellis (Ewe-speaking peoples), die Berichte der Missionare, von Herold u. A.

Den übereinstimmenden Traditionen aller Stämme nach haben am längsten von allen die Akposso und Kebu ihre jetzigen Sitze inne. Sie gelten für Autochthonen (»Gott hat sie in die Berge gesetzt«). Bei den Akpossos lässt sich innerhalb ihres jetzigen Gebietes eine kleine Schiebung von etwa 25 km nach N. feststellen. Der grösste Theil von ihnen soll früher bei Gbelle im jetzigen Sodo gesessen haben und erst später weiter nach N. gezogen sein. Nur die Bewohner der beiden jetzigen Sodo-Dörfer seien damals zurückgeblieben.

Diese Wanderung wird mit einem früheren Ashanti-Einfall in Verbindung gebracht.

Die gänzliche Verschiedenheit des Sodo-Dialektes von dem der übrigen Akpossos, die sich doch nur in mehreren Menschenaltern herausbilden kann, scheint mir dafür zu sprechen, dass diese Wanderung sehr weit zurückliegt.

Die Akpossos und Kebus, die viel Ähnlichkeit mit einander haben, sind die ursprünglichsten, uncultivirtesten Stämme des Misahöher Bezirkes. Sie haben ihre Stammeseigenarten am reinsten bewahrt.

Beeinflusst worden sind sie am meisten durch die Pessi- und Atakpame-Leute, die culturell viel höher stehen als sie. Der Einfluss von W., von Buëm her, hat sich auf die Lithime-Abtheilung an den Westhängen der Fetischberge beschränkt. Gegen Einflüsse von N. und S. sind sie durch breite Wildnissstreifen geschützt geblieben. Vor den Einfällen der Ashanti und Dahomeh sind sie durch die unwegsame Beschaffenheit ihrer Wohnsitze und ihre Armuth bewahrt geblieben. Es geht die Sage, dass die Dahomeh bei ihrem letzten Einfall in Atakpame (im Jahre 1840) Kundschafter nach Akposso und Kebu geschickt hätten; dieselben hätten Proben der kleinen Erbsenart (Kebu *osie*, Akposso *ane*), die die Hauptnahrung der Einwohner bildet, zurückgebracht. Der Anführer der Dahomeh habe hierauf erklärt, dass der Einfall in ein so armseliges Land die Mühe nicht lohne.

Die Kebu und Akposso sind unter sich nicht befreundet, und auch zwischen den einzelnen Abtheilungen der beiden Stämme schweben beständig Palaver und Zwistigkeiten, die sich endlos hinziehen und Handel und Fortschritt hemmen. Eine politische Einheit bildet keiner der beiden Stämme, und speciell die Akpossos sind wegen ihrer Uneinigkeit bekannt. »Akposso hat 100 Dörfer, aber keinen Mann, dem zwei Dörfer gehorchen«, lautet ein Evhe-Sprichwort.

Nur zuweilen gelingt es einem besonders energischen Mann, eine grössere Anzahl Dörfer sich gehorsam zu machen. So war der Häuptling Aüpa von Bato († 1897) bei den nordöstlichen Akpossos sehr gefürchtet und hatte einen fast unbeschränkten Einfluss.

Was die Tracht der beiden Stämme betrifft, so unterscheidet sie sich wenig von der der übrigen, doch trifft man hier viel häufiger als anderswo Leute, die bis auf ein Suspensorium völlig nackt gehen. Eine eigenartige Kopfbedeckung habe ich nur hier gesehen: sie besteht aus einem runden Stück Fell von einem röthlichen langhaarigen Affen. In die Mitte desselben wird ein Loch geschnitten, durch das der obere Theil des Kopfes gesteckt wird. Das Kopfhaar geht scheinbar in das Affenhaar über, das wie eine Mähne nach allen Seiten starrt und dem Träger ein wildes Aussehen verleiht. Die Leute behaupten, sie trügen es zum Schutz gegen die Schweissfliegen. Mützen aus Bastgeflecht ohne Schirm habe ich hier auch viel gesehen, doch kommen diese auch in Buëm vor.

Als Waffe wird hier wie überall hauptsächlich Gewehr und Haumesser getragen. Bogen und Pfeile sind gar nicht mehr im Gebrauch. In den SO.-Theilen von Akposso tragen die Männer ausserdem eine Anzahl (oft 5—6) jener eigenartigen kleinen Atakpame-Dolche mit Lederscheide im Schurz, und hier wird auch ein primitiver, etwa 2 m langer Spiess mit roher Eisenspitze getragen, der zum Harpuniren der Fische dient.

Die ursprüngliche Hüttenform der Kebu ist die mit rundem, der Akposso die mit quadratischem Grundriss, beide mit Kegeldach (s. unten). Ausserdem hat vereinzelt auch das Haus mit Oberstock Eingang gefunden. In Akposso Lithime sieht man auch viele Lehmkastenhäuser, die von Buëm aus eingeführt sein mögen.

Über den Cult der beiden Stämme vermochte ich nicht viel zu erfahren. Der Schlangencult, der in der Verehrung des als Schlange gedachten Regenbogens gipfelt, ist auch hier verbreitet, wenn auch nicht in dem Maasse ausgebildet wie in Atakpame.

Ein eigenartiges Fetischzeichen habe ich nur hier gefunden: es besteht aus Unterkiefern von Wild, die an einer Schnur aufgereiht oder an einem senkrecht in die Erde gesteckten Stock aufgeschichtet werden. Es ist ein Fetisch der Jäger und heisst in Akposso *aluku* ˇ - -.

In A. Sodo sah ich das Dorf in etwa 2 m Höhe mit einer Schnur umspannt, an der Fetischzeichen hingen. Es soll dies ein Schutz gegen das Hereinkommen von Krankheiten sein.

Die Kebu und Akposso sind wie die übrigen Togoneger in der Hauptsache Ackerbauer, sie bedienen sich zum Bestellen des Feldes des Haumessers und einer gebogenen Holzhacke, an deren Ende zuweilen eine schmale Eisenklinge angebracht wird. Die Nationalfrucht ist ausser der oben erwähnten Erbse eine kleine Bohnenart (K. *abambeie* ˇ ˇ ˇ ˇ, A. *elune* ˇ - ˇ und eine kleine Halmfrucht (K. *ofaybo* - - ˇ, A. *ova* ˇ ˇ); dieselben werden zermahlen und ein Brei (K. *ovare* ˍ ˇ ˇ, A. *nisilevoa* - ˇ ˇ - ˇ) daraus hergestellt. Nach der Ernte werden sie in kleinen ringförmigen Schobern (K. *dele* ˍ ˇ, A. *eiya* ˍ ˇ) von etwa 3 m Durchmesser etwa 2 m hoch aufgeschichtet. Yams wird nicht überall gebaut, mehr verbreitet ist die Kassada. Reisbau wird augenblicklich in grösserem Umfang nur in A. Lithime getrieben, doch dringt er von Jahr zu Jahr weiter vor.

Kebu und Akposso sind die einzigen Landschaften des Misahöher Bezirkes, in denen Tabak (*tabao* - ˍ -) gebaut wird, wahrscheinlich ist er von N. eingeführt. Die Blätter werden zerstampft und dann in der Sonne getrocknet. Die Qualität des Tabaks ist schlecht; wer es irgend vermag, kauft sich Tabak aus den Factoreien.

Was die Viehhaltung betrifft, so wird Rindvieh nur in einigen Dörfern in geringer Zahl gehalten. Es ist wohl sicher aus Atakpame und Pessi importirt. Schafe, Ziegen, Hühner, Hunde wie bei den übrigen Stämmen, dagegen kommen sehr viele Schweine vor, für die man besondere Koben (K. *vamuile* - - ˍ ˇ) baut. Diese Koben sind den Wohnhäusern analog construirt, natürlich jedoch viel kleiner, die Lehmwand ist entweder durch Pfahlgitter ersetzt oder es sind in der Höhe des Rüssels runde Löcher durch die Wand geschlagen.

Die Schweine besorgen die Strassenreinigung mit den Aasgeiern um die Wette.

Es giebt in beiden Landschaften sehr viel Wild vom Elephanten bis zur Zwergantilope abwärts und dem entsprechend viele Jäger. Auch Fische sind in den Bächen häufig, sie werden, wie von den übrigen Togo-Stämmen, gefangen, indem man die Bäche durch Wehre anstaut und dann ein Gift in's Wasser streut; die Fische kommen an die Oberfläche und werden erbeutet.

Feuer wird von den Kebu und Akposso angezündet, indem sie auf einen Stein Pulver schütten und Stroh darüber legen. Durch Funkenschlagen mit einem Haumesser auf dem Stein wird dann Pulver und Stroh entzündet. Oder es wird ein Feuerstein in eine stark ausgetrocknete Palmblattrippe geklemmt; mit einem anderen Stein werden Funken geschlagen, die die Blattrippe entzünden.

Zu erwähnen sind noch die alten cyklopischen Maueranlagen wenige 100 m nördlich von Kebu-Palave und auf den Wegen von hier und von Akposso Bato nach Adeli. Es scheinen Vertheidigungswälle gewesen zu sein. Spuren von Dorfanlagen habe ich dabei nicht gefunden.

Die Tradition weiss von der Bedeutung derselben nichts mehr. (»Gott hat sie gemacht!«)

Die östlichen Nachbarn der Akpossos sind die Atakpame, ein eigenartiger Stamm mit hochstehender Cultur.

Die Atakpame gehören zweifellos zum grossen Stamm der Yoruba, dessen Sprache sie auch mit geringen dialektischen Abweichungen sprechen, obwohl sie sich selbst dieser Zugehörigkeit nicht bewusst sind. Ausser der Sprache sprechen noch andere Merkmale dafür: sie lieben es, sich in grössere Städte zusammenzudrängen. sind fleissige Ackerbauer, Gewerbetreibende und Händler und haben manche Ähnlichkeit mit den Haussas (s. Ratzel, Völkerkunde. II. Theil. S. 359).

Mit Letzteren haben sie z. B. die Kunst des Rothgerbens von Ziegenleder und eine grosse Fertigkeit im Herstellen von feinen Arbeiten. Jagdtaschen, Dolch- und Messerscheiden, Dolchen mit Fischhautgriff, geflochtenen Hüten und dergl. gemein.

Ihrer eigenen recht lebhaften Tradition nach kommen die Atakpame-Leute von Osten.

Man zeigte mir im O. in etwa 50—70 km Entfernung einen Gebirgsstock, um den herum sie früher zeitweise gesessen hätten. Von dort seien sie durch die Dahomeh nach mehreren blutigen Kämpfen verdrängt worden. Weiter reichte ihre Überlieferung nicht zurück.

Die Zeit ihrer Einwanderung legen sie selbst zehn Generationen zurück, doch ist eine Zeitrechnung der Neger bei so langen Zeiträumen stets unsicher.

Sie seien damals unter Zurücklassung ihrer Rinderherden in diese Berge geflohen und hätten den Akpossos das Gebiet ihrer jetzigen Wohnsitze abgekauft. Sie hätten sich neues Vieh aus Pessi und Tshantsho besorgt und seien allmählich wieder zu Wohlstand gelangt.

Von den Dahomeh sind sie auch später noch mehrfach heimgesucht worden, und die Furcht vor den Einfällen derselben bewog den ganzen Stamm, beisammen in der Stadt zu wohnen, die damals die ganze weite von W. nach O. ziehende Thalmulde einnahm. Zahllose Spuren deuten auf die Richtigkeit der Angabe und die frühere grosse Ausdehnung der Stadt, die 3—4 km lang gewesen sein muss. Die Stadt sei von einer hohen Lehmmauer mit Schiessscharten umgeben gewesen, und auch auf die Richtigkeit dieser Angabe deuten Spuren.

Weiter im O. sich anzusiedeln, in der fruchtbaren Ebene des Mono, hätten sie aus Furcht vor den Dahomeh damals nicht gewagt, nur einzelne Farmen seien dort gewesen. Ausser der Hauptstadt auf dem Rücken des Bergzuges seien nur noch einige Dörfer im W. desselben gewesen.

Über die ersten Einfälle der Dahomeh waren nur Sagen im Umlauf, von grosser Bedeutung scheinen dieselben nicht gewesen zu sein. Man zeigte mir einen alten Baumwollbaum, an dem in früheren Zeiten der Ortsfetisch 2000 Dahomeh, die die Stadt überfallen wollten, vom Erdboden habe verschlingen lassen.

In schrecklicher Erinnerung war dagegen noch der letzte Einfall, der ohne Zweifel identisch ist mit dem von Ellis (Ewe-speaking peoples p. 311) erwähnten im Jahre 1840. Die alten Leute der Stadt hatten als Kinder denselben noch mit erlebt, und ein alter Mann schilderte ihn mir mit so drastischer Lebendigkeit, dass die ungefähre Wiedergabe seiner Erzählung lohnend erscheint:

Die Dahomeh, die ein Palaver zum Vorwand ihres Einfalles genommen hätten, seien viele Tausende stark von O. her in einer der in die Mono-Niederung hinabführenden flachen Thalmulden herangekommen. Die Atakpame hätten hinter der Lehmmauer gesessen und gefeuert. Die Dahomeh hingegen seien ohne Kriegsruf und ohne einen Schuss abzufeuern, trotzdem viele von ihnen fielen, gegen die Mauern herangestürmt und hätten sie überklettert. Erst als sie in der Stadt waren, hätten sie zu feuern begonnen. In wenigen Augenblicken sei Atakpame in ihrer Gewalt gewesen, sie hätten geplündert und gebrannt und Alles niedergemetzelt, was sie erreichen konnten. Was nicht fiel oder gefangen wurde, sei geflohen, ein Theil zu den Nachbarn, so den Akpossos, die sich im ersten Schrecken ihrer Flucht anschlossen, ein Theil hätte sich in den angrenzenden Bergen und Schluchten verborgen gehalten, bis die Dahomeh abgezogen waren.

Der Mann erzählte ferner, dass einige der herumstreifenden Dahomeh von den Atakpames im Busch erschossen worden seien und schilderte das Erstaunen, als man in einigen der gefallenen Krieger Weiber erkannt hätte.

Die Dahomeh hätten nun lange in Atakpame gesessen und alles Vieh u. s. w. theils aufgezehrt, theils nachher mitgenommen. Vor ihrem Abzug hätten sie die Gefangenen getödtet und ihr Fleisch mit Schaffleisch zusammen gekocht und in Töpfen zurückgelassen. Als die Atakpames, die rings umher im Busch herumlagen, ausgehungert in ihre zerstörte Stadt zurückkehrten, hätten sie das Fleisch ihrer eigenen Landsleute gegessen und dies erst gemerkt, als sie Hände und Füsse in den Töpfen fanden. Der Mann schloss seine Erzählung mit den Worten: »Die Dahomeh sind schlechte Kerle; wenn ein Dahomeh als Fremder in's Land kommt, so soll ihm nicht einmal Wasser gegeben werden«.

Seit jenem Einfall ist das Hauptdorf von Atakpame, eigentlich ein Complex von mehreren Dörfern, nicht mehr in der früheren Grösse aufgebaut worden. Diese Grösse verdankte es ja auch hauptsächlich dem Zusammendrängen des ganzen Stammes zum Schutz gegen die Dahomeh. Nachdem diese Gefahr beseitigt war, rückte der Schwerpunkt mehr von den Bergen hinunter in die fruchtbare Ebene des Mono, wo allmählich gegen dreissig blühende Dörfer entstanden, die zum Theil das Hauptdorf (jetzt etwa 800 Hütten) an Grösse übertreffen.

Charakteristisch für die Entstehung der Dörfer ist es, dass auch die grösseren von ihnen als Farmdörfer bezeichnet werden.

Was die Anlage des jetzigen Hauptdorfes betrifft, so ist jedes Gehöft mit Lehmmauern oder Zäunen, die an die Wände der Gebäude anschliessen, umgeben. Es ist eine förmliche Stadtanlage mit engen gewundenen Gassen.

Viele der Häuser sind verlassen und befinden sich in allen Stadien des Verfalls. Alles deutet auf ein Zurückgehen des Ortes.

Die ursprüngliche Bauart der Atakpame ist das runde Haus mit Kegeldach, ähnlich dem der Kebus, doch meist erheblich grösser. Die zahlreichen eigenartigen Häuser mit Oberstock, Satteldach mit geschlossenem Giebel und einer Halle im Erdgeschoss sind wohl zweifellos auf europäischen, wahrscheinlich portugiesischen Einfluss zurückzuführen (s. unten).

Über die Bevölkerung ist Einiges bereits oben erwähnt worden. Die Atakpame stehen auf einer verhältnissmässig hohen Stufe, kriegerisch scheinen sie wenig zu sein.

Unter sich halten sie leidlich Frieden, doch stehen sie mit ihren Nachbarn, so namentlich den Akpossos, in beständiger Fehde.

Die Zwietracht geht so weit, dass von den meisten Nachbarstämmen Fremde zu Handelszwecken überhaupt nicht in das Dorf kommen, aus Furcht, weggefangen zu werden. Es sind deshalb in einiger Entfernung von der Stadt in verschiedenen Richtungen vier Marktplätze angelegt worden, auf denen alle vier Tage Märkte abgehalten werden. Diese Märkte werden von allen Stämmen beschickt, und es herrscht eine Art Gottesfrieden über denselben, der merkwürdigerweise eingehalten wird.

Im Hauptdorf Atakpame lebt neben der Hauptbevölkerung der Wutu-Stamm, der einen Evhe-Dialekt spricht und nur wenige hundert Köpfe stark ist. Dieser Stamm soll vor den Atakpame-Leuten, ebenfalls von O. kommend, hier eingewandert sein. Er hat insofern Bedeutung, als er im Besitz des Hauptfetisch ist und die Priesterkaste aus seiner Mitte hervorgeht.

Innerhalb der Landschaft Atakpame kommen ausserdem noch drei Dörfer mit Fö-Leuten (Hauptdorf Atakfeme) vor (s. Skizze), die mit der Hauptbevölkerung in gutem Einvernehmen leben, ohne von ihr abhängig zu sein.

Was die Tracht der Bevölkerung betrifft, so kommen häufig Haussa-Kleidungsstücke vor, ferner eine Art phrygischer Mütze. Bei dem Häuptling fiel mir eine Art faltiger Gaze-Haube auf. Sonst ist nichts Besonderes darüber zu sagen.

Bei der Bewaffnung ist zu erwähnen, dass Bogen und Pfeile (A. Bogen *olō* ⌣–, Pfeil *ofa* ⌣–, Köcher *agbo* ⌣⌣) noch im Gebrauch sind, wenn das Gewehr als Schusswaffe auch bei Weitem überwiegt. Dolche werden auch viel getragen. Atakpame fertigt sehr hübsche, mit Affenfell bezogene Patronentaschen an, die auch viel getragen werden.

Ich sah in den Händen eines Mannes eine kurze, schlanke, rothpolirte Keule, die an der Treffstelle mit einem eisernen Ring eingefasst war. Dieselbe war Dahomeh-Ursprungs und wurde mehr als Trophäe wie als Waffe getragen.

Die Atakpame sind sehr fleissige sorgfältige Ackerbauer, sie betreiben den Ackerbau geradezu gartenartig. Gebaut werden alle Früchte, die in diesem Theil Afrikas überhaupt Gegenstand der Cultur sind. Tabakanbau habe ich nicht gefunden. Aus dem Mais und der Hirse werden zwei verschiedene Arten Bier gebraut. Das Getränk ist hier mehr beliebt als der überall vorkommende Palmwein.

Rindviehzucht wird in grösserem Umfange betrieben, und die Herden bilden den Hauptreichthum der Atakpame. Selbst in den kleinen Farmen sieht man Herden von 40 bis 50 Stück. Es ist eine kleine, glatte, stämmige, meist schwarze Rasse. Milch- und Käsebereitung wird wenig getrieben. Viehkrankheiten sollen in den letzten Jahren häufig gewesen sein.

Pferde sieht man nur ganz vereinzelt, Schafe, Ziegen, Schweine, Hühner wie überall.

Die Atakpame sind, wie oben erwähnt, geschickte Lederarbeiter, ausserdem gute Schmiede.

Mit der Küste stehen sie schon seit sehr langer Zeit in reger Handelsverbindung.

Feuer machen sie mit Feuerstein und Stahl, der Funken wird in trockener Baumwolle aufgefangen.

Über den Cult kann ich nur Vereinzeltes berichten:

Die Sage von der Regenbogenschlange ist bei ihnen sehr ausgebildet. Wenn sie sich zum Himmel aufbäumt, heisst es, lässt sie als Excremente die blauen Atakpame-Perlen fallen, über die weiter unten noch gehandelt werden soll.

Analog nennen sie die hier zahlreichen Meteoriten Excremente der Sonne, die sie sich auch als Person vorstellen.

Der Hauptfetisch ist, wie bereits erwähnt, in der Hand des Evhe sprechenden Wutu-Stammes. Die Priester und Priesterinnen werden bei denselben sorgfältig ausgebildet, ihre Lehrzeit dauert drei Jahre. Ein Coelibat besteht nicht. Einem Fetischtanz, der nur von Weibern aufgeführt wurde, wohnte ich bei:

Zuerst erschienen die bereits Eingeweihten und traten vor eine Anzahl Männer, die Trommeln und Klingeln handhaben. Die Weiber waren am ganzen Körper mit bunten Tüchern phantastisch behangen, die Führerin des Reigens schwang eine Reiterpistole von uralter Form, über deren Herkunft Niemand etwas verrathen wollte.

Die Trommeln und Klingeln setzten leise ein, und während die Musik allmählich stark anschwoll, sprangen und tanzten die Weiber unter Gliederverdrehungen bis dicht vor die Trommler, tanzten eine Weile vor ihnen herum und zogen sich, während die Musik sich abschwächte, in gleicher Weise wieder zurück. Dies wurde viele Male hinter einander gemacht. In den Pausen erschienen die Novizen, die von den Hüften abwärts mit weissen Tüchern behangen waren. Der Schädel war glatt rasirt und der nackte Oberkörper mit blauen Perlenschnüren behängt. Sie sprangen nach dem Trommelschlag tanzend im Kreise herum.

Über die Todtenfeiern in Atakpame konnte ich Einiges in Erfahrung bringen. An eine natürliche Todesursache glaubt man nicht, stets nimmt man an, dass der Tod durch irgend einen anderen Menschen verschuldet worden sei. Das Schiessen und Singen bei der Leiche wird, wie überall in Togo, so auch hier bis nach der Beerdigung fortgesetzt; ausserdem wird die Leiche, der man einen Stock in die Hand drückt, von den Priestern und Priesterinnen zweimal durch alle Strassen der Stadt getragen. Auf wen die Leiche angeblich zeigt, der ist verdächtig, an dem Tode schuld zu sein, und muss sich der Trankprobe unterwerfen.

Nachdem der Todte beerdigt ist, wird von den Priesterinnen noch der Kopf eines Vogels unter Singen mehrere Male herumgetragen, auch hierbei werden meist noch einige Personen als verdächtig bezeichnet. Ich habe zweimal einen solchen Zug gesehen, das eine Mal bei Sonnenaufgang, das andere Mal bei Sonnenuntergang; der Gesang lautete: »(Es giebt) viele Schlangen, (aber nur) einen Regenbogen«.

Nachdem man eine Anzahl »Verdächtige« beisammen hat, beginnt die Trankprobe. Dieselbe findet im Busch an einer bestimmten Stelle statt, die man mir um keinen Preis zeigen wollte. Es liegen dort, wie mir erzählt wurde, zwei grosse Steine in etwa zehn Schritt Entfernung einander gegenüber. Auf den einen wird eine grosse Kalebasse, die den Gifttrank (eine Abkochung aus einer Baumrinde) enthält, gestellt. Der Verdächtige tritt mit einem kleinen Kürbisschälchen an den anderen Stein. Auf ein Zeichen des Priesters geht er auf die Kalebasse zu, schöpft die Schale voll, trinkt sie aus und kehrt auf seinen Platz zurück. Dies muss er dreimal wiederholen. Wirkt das Gift, so soll der Tod unter heftiger Athemnoth und Krämpfen in wenigen Minuten eintreten, die Person war dann eben »schuldig«, ihr wird das Herz herausgeschnitten und sie an Ort und Stelle verscharrt (die Beerdigung findet sonst, wie überall in Togo, in den Häusern statt). Bricht die Person den Trank aus, so ist sie »unschuldig« und wird ihren Angehörigen übergeben. Die Gefahr soll nach dem Vomiren noch nicht beseitigt sein, und der Tod soll oft noch nachher erfolgen, wenn die Person einschläft. Man stellt sie daher an eine Wand aufrecht hin und hält sie durch Püffe und durch Schreien 24 Stunden wach. Danach soll keine schädliche Wirkung mehr zu fürchten sein.

Dass diese Trankprobe den Priestern eine ungeheure Macht giebt, braucht wohl kaum erwähnt zu werden, sie werden durch dieselbe geradezu zu Herren über Tod und Leben. Bei einem Todtenfest sollen oft mehrere Personen dem Gift zum Opfer fallen. Als ein gutes und häufig angewandtes Mittel, um ein sofortiges Ausbrechen des Giftes herbeizuführen, wurde mir das Trinken von Palmöl genannt.

Das Unwesen wird sich durch die deutschen Behörden trotz aller Bemühungen nur allmählich ausrotten lassen.

Was die oben erwähnten blauen Perlen anbetrifft, so herrscht über deren Herkunft noch völlige Dunkelheit. Es sind mattblaue Röhren, allem Anschein nach eine Art Glasguss.

Die vielen neueren Glasperlen, die von Europa importirt werden, werden von den Kennern scharf von den echten Atakpame-Perlen getrennt, welch letztere ziemlich theuer bezahlt werden.

Sie kommen nur aus Atakpame und Pessi und sollen, wie die Eingeborenen angeben, an einer bestimmten Stelle zwischen beiden Landschaften aus der Erde gegraben werden.

Ich konnte Näheres über den Platz nicht erfahren, da die Atakpame-Leute ausserordentlich misstrauisch sind und das Geheimniss ihrer Perlen eifersüchtig hüten. Leider wurde meine Aufmerksamkeit auch erst etwas spät auf diesen interessanten Punkt gelenkt.

Dass die Perlen künstlich hergestellt sind, ist wohl zweifellos, ebenso unzweifelhaft ist, dass sie jetzt nicht mehr importirt werden, sondern dass sie jetzt nur aus Pessi und Atakpame kommen.

Es bleiben also nur die beiden Möglichkeiten übrig, dass sie entweder von den Eingeborenen jetzt noch hergestellt werden oder dass aus früheren Zeiten noch grössere Mengen dieser künstlichen Perlen irgendwo aufgespeichert liegen.

Was die erste Hypothese betrifft, so traue ich den Atakpame-Leuten die Intelligenz und die Geschicklichkeit, die zur Glasbereitung erforderlich ist, recht wohl zu.

Die Anregung könnten sie einerseits von N., von der Mittelmeerküste aus, mit der diese Theile Afrikas seit undenklicher Zeit in, wenn auch indirecter, Handelsverbindung stehen, erhalten haben. Andererseits könnte sie aber auch von der Guineaküste aus zu ihnen gelangt sein.

Auf die Guineaküste haben ja Jahrhunderte lang die Cultureinflüsse der Portugiesen gewirkt, und höchst wahrscheinlich ist es, wenn auch schwer nachweisbar, dass schon die Punier und vor ihnen die Phoenicier hier Niederlassungen und somit Culturherde gegründet haben. Wenn diese Culturherde auch schon lange erloschen sind, so sind sie doch gewiss nicht spurlos erloschen!

Trotzdem glaube ich es nicht, dass die erste Hypothese viel Wahrscheinlichkeit für sich hat. Soweit ich die Neger kenne, traue ich ihnen nicht so viel Discretion zu, dass sie im Stande wären, eine derartig wichtige Kunst lange Zeit hindurch als Geheimniss eines einzelnen Stammes zu bewahren.

Wenn wirklich Glasfabrication dort noch geübt würde, so wäre sicher die Kunde davon über die Grenzen von Atakpame hinaus gedrungen, um so mehr, als Atakpame seit langer Zeit eine Handelsstadt ist und viel von Fremden besucht wird.

Wahrscheinlicher scheint mir, dass irgendwo auf einer jetzt verlassenen Culturstätte grosse Massen dieser Perlen aufgehäuft liegen, die früher dort hergestellt wurden oder dorthin importirt wurden und die von der jetzigen Generation jetzt an's Tageslicht befördert werden. Dafür sprechen die Erzählungen der Leute, und auch die Sage von der Regenbogenschlange, die die Perlen fallen lässt, lässt sich damit in Einklang bringen. Man könnte ja an alte Grabstätten denken.

Mehr Licht liesse sich einmal durch eine genaue Untersuchung dieser eigenartigen Perlen in die Sache bringen. Dann wäre es für Jemand, der sich längere Zeit in Atakpame aufhält, wenn er in geeigneter Weise vorgeht, wohl sicher möglich, die Fundstätten der Perlen zu erfahren. Ein Aufenthalt von mehreren Monaten könnte dazu freilich nöthig werden.

Im SW. von Akposso liegt Buëm, das politisch unter dem Häuptling Apanya ausser der Akposso-Abtheilung Lithime augenblicklich folgende Landschaften in sich vereinigt: Buëm im engeren Sinne mit dem Hauptdorf Borada, Worawora, Tapa, Apafu, Boviri, Santrekofi.

Gesondert könnte man ausserdem noch die beiden Dörfer Apesso, die einen Tshi-Dialekt sprechen, erwähnen. Dieselben liegen im NO. von Worawora auf dem Rücken des Oprama-Bergzuges. Die Bewohner sind ihrer Tradition nach von O. eingewandert und haben früher eine eigene Sprache gehabt, die später im Tshi aufgegangen sei. Ich zweifle keinen Augenblick daran, dass sie einfach ein abgesprengter Splitter des Akposso-Stammes sind, dessen östlichste Abtheilung nur etwa 30 km von ihnen entfernt liegt und durch einen unbewohnten Wildnissstreifen von ihnen geschieden ist. Ihr Name ist eben aus Akposso entstanden; die Tshi-Stämme lassen bei Aussprache desselben das Guttural vor dem p ohnehin fort (analog heisst Kpando im Tshi Panto).

Der Buëm-Stamm im engeren Sinn mit dem Hauptdorf Borada, der herrschende Stamm, spricht als Stammesidiom die sogenannte Levana-Sprache.

Seiner eigenen Überlieferung nach hätte der Stamm ursprünglich weiter im N. bei dem nachherigen Okwau gesessen und sei dann von dort nach der Gegend von Atakpame gezogen. Über den Anlass zu dieser Wanderung wusste die Tradition nichts. Der Aufenthalt bei Atakpame habe nur kurze Zeit gedauert, die Atakpame hätten die Buëm-Leute dann zum Auswandern gezwungen, und diese seien in ihre frühere Heimat zurückgekehrt. Hier hätten sie nun beständig Krieg mit den Okwau-Leuten (ein Ashanti-Stamm) geführt und seien von denselben schliesslich weit in die Berge gedrängt worden. Der Vater des jetzigen Häuptlings Apanya habe dann die Buëm-, Apafu-, Santrekoffi-, Boviri-Leute zu vereinigen gewusst, indem er den Chefs derselben den Satz »Einigkeit macht stark« an einem Bündel Stäbe, die sich einzeln leicht zerbrechen liessen, zusammengebunden jedoch nicht, versinnbildlichte. Vereint hätten die Stämme nun die Okwau-Leute besiegt und ihre jetzigen Sitze erobert. Mit denselben haben sie auch später noch siegreiche Kämpfe gehabt, und in den letzten Jahren ist dieser ganze Stamm fort und nach Nord-Adyuti gezogen. Als ich im März 1897 die Stätte des ehemaligen Okwau besuchte, deuteten nur noch die Bananenpflanzungen und einige Häuserreste darauf hin, dass hier eine menschliche Niederlassung war.

Die Buëm-Leute unterscheiden sich in Tracht und Lebensweise nicht erheblich von den Evhe-Leuten, sie sind intelligent und arbeitsam. Über ihre Bauweise s. unten.

Ob ihre Angabe, dass sie vor ihrem Zug nach Atakpame wie Wilde gelebt und ausser Steinen keine Waffen gehabt hätten, wahr ist, lasse ich dahingestellt.

In Borada sah ich einen alten Fetischpriester, der ein Rindenkleid trug und eine geflochtene Bastmütze zur Kopfbedeckung hatte. Derselbe war über die Brust mit dicken Narben tätowirt, die in Form und Anordnung fast den Schnüren eines Husaren-Attila entsprachen.

Die Rindenkleider sollen früher allgemein in Buëm getragen worden sein, dieses ist das einzige, das ich in Togo sah; doch sollen, wie ich höre, in der Gegend von Kratyi und in der Nähe des Togo-Sees noch jetzt vielfach Rindenkleider im Gebrauch sein.

Der Häuptling Apanya zeigte mir Messing-Schmiedereien, zwei Fische und eine flache cylindrische Büchse mit Deckel. Auf dem Deckel befanden sich als Verzierungen die Figuren eines Leoparden, der ein Wildschwein am Ohre hält. Die ganze Arbeit war echt negermässig, jedenfalls nicht europäisch. Beide Stücke sollen sehr alt sein, sie sind eine Art Fetisch, und die Buëm-Leute wollten sie um keinen Preis verkaufen.

Messingschmiederei wird von den Buëm-Leuten, die geschickte Eisenschmiede sind, jetzt nicht mehr betrieben.

Die politisch zu Buëm gehörigen Worawora- und Tapa-Leute bildeten früher ein Volk mit einer gemeinsamen Sprache, der Boro-Sprache, die jetzt vom Tshi völlig verschlungen ist. Vor den Namen des jeweiligen Häuptlings wird noch jetzt das der alten Boro-Sprache entnommene Wort átá = Vater gesetzt.

Die beiden Stämme seien von der Goldküste gekommen und hätten sich hier festgesetzt. Sie seien später von den Okwau-Leuten unterjocht worden, von denen sie auch die Sprache angenommen hätten.

Auf dem Gipfel des dicht bei Tapa 700 m hoch ansteigenden Oboguang-Berges (Oboguang-Schafberg) fand ich die noch völlig erhaltenen Spuren einer alten befestigten Dorfanlage, die ihrer Ausdehnung nach wohl 200 Hütten umfasst haben mag. Es ist eine systematische Wallanlage von etwa $1\frac{1}{2}$ m hohen cyklopischen Steinmauern.

Der Sage nach soll hier vor vier Generationen der Bareti-Stamm gesessen haben. Wegen seiner Räubereien hätten alle Nachbarn vereint ihn überfallen und vertrieben, seine Reste seien nach N. geflohen.

Einige Nachkommen der Bareti sollen noch innerhalb des Tapa-Stammes leben.

In jener Zeit hätten die Worawora-Leute ganz auf dem Gipfel des Berges gesessen, dessen Hänge sie jetzt bewohnen.

Erwähnen will ich noch, dass ich in Tapa Gelegenheit hatte, einen Hochzeitszug zu beobachten.

Die Braut war ganz und gar mit rothem Lateritlehm beschmiert, so dass sie wie blutig aussah, in's Haar waren Gras und Blätter gebunden.

Sie wurde von vier kleinen Jungen in das Haus ihres nunmehrigen Mannes geführt, gleichzeitig wurde das Dorf mit Yams und Palmwein bewirthet. Im SW. von Borada am W.-Fuss des Santrekofi-Bergzuges sitzt in drei kleinen Dörfern der Stamm der Boviri-Leute, der ein eigenes Idiom hat und kaum mehr als 600 Seelen zählen mag. Die Boviri bewohnen Lehmkastenhäuser; ihrer Tradition nach sind sie von der Küste eingewandert.

Nach S. folgt nun der Apafu-Stamm, dessen Hauptdorf auf dem Rücken des Santrekofi-Bergzuges in einer flachen Einsattelung liegt. Der Stamm hat fünf Dörfer und mag um 1500 Köpfe stark sein. Ihrer sehr kurzen Tradition nach hätten sie ursprünglich nördlich von hier in einer bergigen Gegend, die sie Maikube nennen, gesessen und seien von dort, von den Ashanti verdrängt, nach den Lavanyo-Bergen gezogen. Da sie dort kein Eisen fanden (die Maikube-Berge seien eisenhaltig gewesen), seien sie dann in ihre jetzigen Sitze gekommen.

Die Apafu-Leute sind, wie die Santrekofi-Leute, geschickte Schmiede und Eisenschmelzer. Sie sind, wie sie angeben, schon lange im Besitz dieser Kunst (»Gott hat sie uns gelehrt«) und thun sich viel auf dieselbe zu Gute.

Die Schmelzöfen sind etwa 3 m hohe Lehmcylinder, die in einem Hause stehen und schornsteinartig über das Dach hinausragen. Es werden von oben zuerst Holzkohlen hineingeschüttet und dann die Erze darübergepackt. Das Feuer wird von unten entzündet. Man lässt die Erze 24 Stunden rösten, das Eisen sammelt sich unten, man leitet es in einer Lehmrinne ab.

Das Apafu- und Santrekofi-Eisen wird im Lande viel verarbeitet, doch macht ihm das bessere, wenn auch theuerere, europäische viel Concurrenz.

Der Santrekofi-Stamm, der die südlichste Kuppe des nach ihm benannten Bergzuges in einem dreitheiligen Dorf bewohnt, kann kaum mehr als 500 Köpfe stark sein.

Ihrer Überlieferung nach haben die Santrekofi 18 Tagemärsche im ONO. von hier in einem bergigen Lande gesessen, das sie Ametyove genannt hätten. Von dort seien sie von den Dahomeh nach einer siebentägigen Schlacht, in der der grösste Theil des Stammes niedergemacht wurde, vertrieben worden. Sie seien dann, beständig von den Dahomeh verfolgt, etappenweise geflohen und schliesslich hierher gelangt. Der Name Santrekofi (er hängt mit dem Evhe-Wort *kofi* = Farm nicht zusammen) ist in der Stammessprache der Name der hier häufigen Nachtschwalbe (caprimulgo). Diese hat die Eigenthümlichkeit, den Menschen nahe herankommen zu lassen und erst dicht vor seinen Füssen aufzuflattern, um sich dann bald wieder niederzulassen. Wegen ihrer unscheinbaren Farbe ist sie auf dem Erdboden schwer zu sehen. Dieses streckenweise Fliehen ist das tertium comparationis, das den Stamm veranlasst hat, den Namen des Vogels anzunehmen. Denn wie dieser vor seinem Verfolger, so sei er vor den Dahomeh von Etappe zu Etappe geflohen.

In seiner früheren Heimat hätte der Stamm *brofasafo* («thut Alles, was die Weissen thun») geheissen. Dieser Name bezieht sich auf die Schmelzkunst. Es drängt sich mir hier die Vermuthung auf, dass der Stamm vielleicht einer der Mahki-Stämme ist, mit denen die Dahomeh so viele Kriege geführt haben. Die geographische Lage nach der Beschreibung der Santrekofi, die ausserdem ausdrücklich sagen, dass ihre alte Heimat bergig gewesen sei, stimmt mit dem, was Ellis (Ewe speaking peoples, history of Dahomeh) über die Mahki tribes sagt, völlig überein.

Über die Schmiede- und Schmelzkunst der Santrekofi gilt das über die Apafu Gesagte, mit denen sie überhaupt viel Ähnlichkeit haben.

Zu erwähnen ist noch, dass auf der obersten Stelle des Gipfels des Santrekofi-Berges eine Art Steinkreis, ein Ring aus lose aufgeschichteten Steinen, von etwa 1 1/2 m Durchmesser steht, der in dem Cult des Stammes eine Rolle spielt.

Von den zuletzt erwähnten Stämmen sollen zuerst die Buëm, dann die Santrekofi, die Apafu und zuletzt die Boviri in ihre jetzigen Sitze eingewandert sein.

Im SW. von Buëm sitzt der Stamm der Nkunya-Leute, die den Guang sprechenden Stämmen angehören. Sie wohnen in der Ebene, am W.-Fuss der Nkunya-Berge bis zum Volta hin. Die Nkunyas stammen ihrer Tradition nach von der Goldküste aus der Nähe von Akra von einer Landschaft Late her, wo jetzt noch ein Guang sprechender Stamm sitzt. Von dort sei seiner Zeit ein grosser Theil des Stammes in Folge eines Krieges ausgewandert. Ein Theil habe sich nach Anum, einer nach Kwapim und ein dritter endlich nach Nkunya begeben. Die Idiome dieser drei Theile sollen sich thatsächlich auch nur dialektisch unterscheiden.

Die Nkunya, die um die Handelsstrasse von Salaga zur Küste sitzen, sind fremden Einflüssen schon seit lange stark ausgesetzt gewesen. Es sind sehr intelligente, fleissige Handelsleute. Ihr Fetischcult ist ein sehr ausgebildeter, und der Fetisch von Wurupong gilt auch bei den Nachbarn für sehr einflussreich. Auf dem Gipfel der Nkunya-Berge sollen auch alte befestigte Dorfanlagen sein, doch habe ich dieselben persönlich nicht besucht.

Östlich von Buëm am W.-Fuss der Fetischberge sitzt der Stamm der Likpe-Leute, die Lehmkastenhäuser bewohnen und auch eine besondere Sprache haben.

Die Landschaft besteht aus acht Dörfern, die Einwohnerzahl mag an 3500 betragen, sie nennen ihre Sprache selbst Mu und danach ihre Landschaft Mume.

Ihrer Tradition und der Ansicht der Nachbarn nach sind die Likpe-Leute Autochthonen («Gott hat uns hierher gesetzt»), und über ihre Geschichte ist nicht viel zu sagen; die Ashanti sollen die Landschaft seiner Zeit auch heimgesucht haben.

Auf der Höhe einer bei dem Likpe-Dorf Aveyeme fast senkrecht ansteigenden, etwa 800 m hohen felsigen Bergwand (zum W.-Rand der Fetischberge gehörig) fand ich einen Steinkreis, wie den bei Santrekofi. In demselben lagen mehrere runde, roh geschmiedete Eisenscheiben von etwa 8 cm Durchmesser. Es ist dies eine Cultusstätte der Likpe-Leute.

Im NO. von Likpe, in einem schwer zugänglichen Theil der Fetischberge, sitzt in einem einzigen Dorf von 230 Hütten der Stamm der Aχolo-Leute, der bisher fast ganz unbekannt war. Er kann nicht über 900 Köpfe stark sein. Das Dorf liegt in der Sohle eines schmalen Thales in äusserst fruchtbarem, reich bewässertem Land. Die Ränder des Thales steigen steil etwa 400 m hoch an, der untere Theil ist mit dichtem Urwald bedeckt, oben tritt nacktes Gestein zu Tage. Als ich, von O., von der Landschaft Deine kommend, das Dorf zum ersten Mal besuchte, sah ich es von den schroffen Randhöhen aus fast zu meinen Füssen tief unten liegen. Es bot mit seinen röthlichen Lehmkastenhäusern einen eigenthümlichen Anblick dar.

Auf steilen Kletterpfaden, auf denen ich Mühe hatte, meine Pferde zu transportiren, gelangte ich hinab.

Der Stamm spricht eine eigene Sprache, die er ŏgŏ̀ nennt.

Über ihre Vergangenheit erzählen die Aχolo-Leute Folgendes: sie haben ursprünglich in Muatschä gesessen (Muatschä gilt bei einigen Stämmen als der Ursitz der ganzen Togo-Bevölkerung) und seien von dort zuerst nach Gbelle gegangen. Dort haben sie eine Zeit lang bei dem Dorf Le gesessen. Dann hätte der Stamm sich getheilt, ein Theil sei nach Boëta, ein Theil hierher gezogen.

Die Boëta-Leute zwischen Misahöhe und Avatime seien Stammesgenossen von ihnen und hätten früher dieselbe Sprache gesprochen wie sie, dieselbe sei später im Evhe aufgegangen.

Leider konnte ich aus Mangel an Zeit hierüber in Boëta selbst nichts mehr feststellen.

Der jetzige Häuptling in Aχolo, ein alter Mann, sei der dritte seit ihrer Einwanderung. Dem Namen jedes Häuptlings wird der Titel gasemo vorgesetzt.

Die oberste Gottheit der Aχolo-Leute heisst *sikpla* - ʒ, zu ihr wird jährlich einmal vom ganzen Volke gebetet. Es werden ihr die üblichen Hühner und Gin als Opfer dargebracht, der Priester kniet dann in Gegenwart des Volkes nieder, stemmt die Handflächen auf die Erde und spricht die Worte *alebunä* - ◡ ◡ ᷄ («Nimm das Opfer und hilf uns»). Diese Ceremonie soll noch aus Muatschä stammen.

Aus Muatschä sollen auch die Gbelle-Leute am O.-Fuss der Fetischberge stammen, die dort 16 Dörfer bewohnen und gegen 7000 Köpfe stark sein mögen.

Gbelle und Muatschä haben eine gemeinsame Fetischsprache (s. sprachlicher Theil).

In Gbelle fiel mir an einem Hause eine eigenartige Wandzeichnung auf, ein langgestrecktes pferdeartiges Ungethüm darstellend, auf dem auf hochlehnigem Haussa-Sattel ein Zwerg sass.

Die vier Stämme Avatime, Logha, Tafi, Nyambo, von denen jeder ein eigenes Idiom spricht, wohnen einen Tagemarsch südwestlich von Misahöhe. Von diesen erfuhr ich nur über die Geschichte der Avatime Genaueres. Dieselbe hat mit der des Agotime-Stammes, eines Adangme-Stammes, im SO. von ihnen einen gemeinsamen Ursprung.

2

Die Avatime und Agotime haben zusammen an der Mündung des
Volta gesessen und dort wegen der Ermordung eines Weibes mit den anderen
Stämmen, so den Krobo, Adangme, Pampram Krieg bekommen. Diese
seien gemeinsam gegen sie zu Felde gezogen und hätten beide Stämme
vertrieben. Die Agotime seien in ihre jetzigen Sitze gezogen, die sie nach
den vielen Fächerpalmen (*ago ti*) benannt hätten. Die Avatime hätten hier
in den Bergen Halt gemacht. Ein Theil von ihnen sei darauf weiter nach
N. gezogen und verschollen. Sie hätten darauf erst den Namen Avatime
(»ein Theil ist weiter gegangen«) angenommen.

Die ehemalige Bevölkerung der Landschaft, die Bayas, ist verschwunden,
über ihr Schicksal vermochte ich nichts zu erfahren.

Auf dem Gipfel des Gemi, des höchsten Berges in Avatime (etwa
800 m hoch), sind Mauerreste und Schlackenhügel, über deren Ursprung
Sicheres nicht zu erfahren ist.

Als der Avatime-Stamm mich einst auf meiner Station besuchte,
hatte ich Gelegenheit, mir ihren Kriegstanz vortanzen zu lassen, der sich
sehr von allen Tänzen, die ich sonst sah, unterscheidet:

Die Leute gruppirten sich um die Schädeltrommel. Auf ein Zeichen
mit dem mit Menschenkiefern verzierten Elfenbeinhorn setzten die Trommeln
ein, und die Leute gingen im langsamen Tanzschritt im Kreise herum,
wobei sie ein Haumesser senkrecht vor den Leib hielten. Sie sangen dabei:
»Ich schlage ihn todt, die Geier fressen ihn«.

Plötzlich hört das Trommeln auf, es erfolgen ein paar einzelne
Schläge, und alle stürzen mit Geheul in Sprüngen in die Mitte, wobei sie
das Messer hoch in die Höhe halten. Dann beginnt ein wildes Durchein-
andertanzen; je zwei treten sich gegenüber, einer schreit: »Ich bin stark«,
ein Anderer antwortet: »Ich bin stark«, dann markirt einer von Beiden die
Flucht und ruft: »Ja, du bist stark«. Dies wird viele Male wiederholt.
Was die Geschichte von Tafi, Logba und Nyambo betrifft, so konnte ich
nur erfahren, dass die Avatime bei ihrer Einwanderung die Tafi-Leute
bereits vorfanden, während die Logba und Nyambo-Leute erst später in's
Land kamen. Nyambo heisst in der Stammessprache: »Hier ist Alles vorhanden« (Hier ist gut sein, hier lasset uns Hütten bauen).

Der vorhin erwähnte Agotime-Stamm ist der reichste und culti-
virteste des Misahöher Bezirkes; einen gewissen Ruf hat er wegen seiner
Weberei, die er besonders kunstvoll betreibt.

Sowohl in Agotime als auch in Avatime, Logba, Nyambo und Tafi
hat der letzte Ashanti-Krieg schlimm gehaust.

Zum Schluss darf der Agu-Kebu-Stamm, der am S.-Hang des
Agu-Gebirgsstockes 6 bis 7 Dörfer in wilder, aber fruchtbarer Gebirgs-
gegend bewohnt, nicht unerwähnt bleiben. Er baut runde Hütten mit
Kegeldach. Über seine Fetischsprache s. unten.

Leider konnte ich über diesen eigenthümlichen Stamm, der viele
Eigenarten zu haben scheint, nicht viel erfahren. Es wohnen sehr viele
Fetischleute dort, und es scheint dort eine Art Fetischschule auch für
andere Stämme zu bestehen. Die Dörfer sind z. Th. terrassenförmig an den

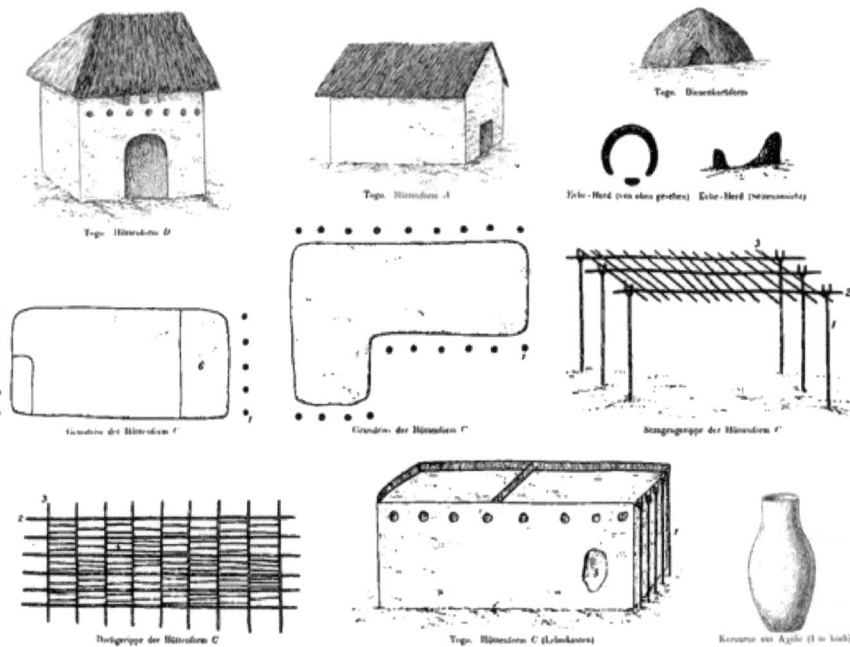

Togo. Hüttenform D

Togo. Hüttenform A

Togo. Bienenkorbform

Erde-Herd (von oben gesehen)   Erde-Herd (seitenansicht)

Grundriss der Hüttenform C

Grundriss der Hüttenform C

Stangengerüppe der Hüttenform C

Dachgerüppe der Hüttenform C

Togo. Hüttenform C (Lehmkasten)

Keramik aus Agelo (1 to 1teil)

Hüttenform B.

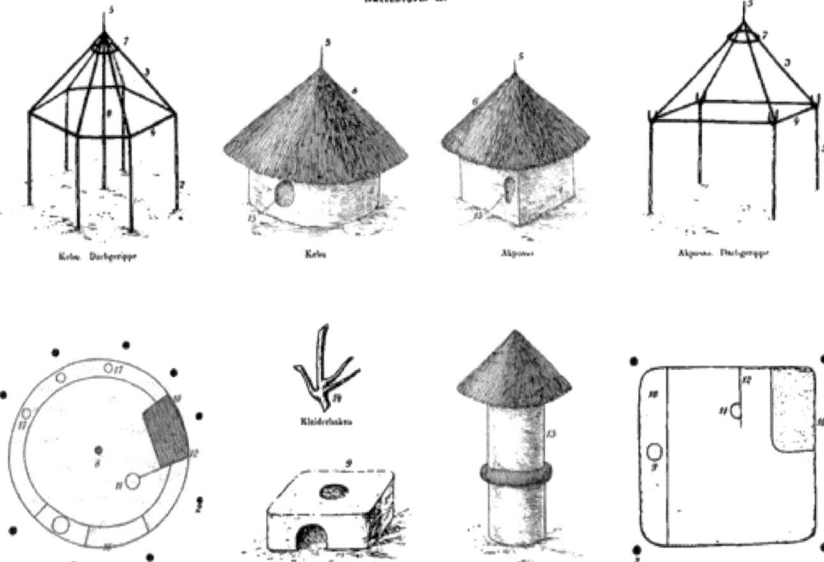

Kebu. Dachgerippe. Kebu. Akposso. Akposso. Dachgerippe.

Kebu. Grundriss. Kleiderhaken. Kornuese. Akposso. Grundriss.

Kebu. Herd.

Felsen in die Höhe gebaut, und ich sah einen Versammlungsplatz, der ein reguläres, natürliches Amphitheater darstellte.

Ich glaube, wir haben es auch hier mit einem abgesprengten Völker-splitter oder den Trümmern eines früher vernichteten Stammes zu thun. Jedenfalls würde eine nähere Untersuchung die Mühe lohnen.

Hüttenbau.

In dem Theil des Togo-Hinterlandes, der südlich vom 8. Grad liegt, unterscheide ich vier Hauptarten von Häusern der Eingeborenen (s. die Figuren Tafel 1 und 2).

A. Das Haus ohne Oberstock, mit Satteldach, mit offenem, selten geschlossenem Giebel und rechteckigem Grundriss.

Es wird zum Bau dieses Hauses zunächst ein Gerippe aus Stangen hergestellt, dieselben werden mit Palmblattrippen durchflochten und die Wände dann mit Lehm beworfen. Das Deckmaterial für das ebenfalls aus Stangen hergestellte Dach, das den Wänden aufliegt, bilden Gras oder Palmblätter.

Es werden in diesem Baustil auch offene Hallen hergestellt, bei denen die Wände dann eben fortgelassen werden. Das Dach ruht dann auf Pfählen.

Die Dimensionen dieser Hausart sind so verschieden, dass es nicht lohnt, Zahlen zu nennen, ebenso verhält es sich mit der inneren Einrichtung.

Häufig werden auch europäische Bauarten nachgeahmt, man umgiebt das Haus mit einer Veranda und dergl. Die Thüröffnungen sind rechteckig; wo nicht bereits europäische Thüren eingeführt sind, wird die Öffnung durch eine steife Palmblattrippen-Matte geschlossen, die man mit einem Stock festklemmt. Fensteröffnungen sind oft vorhanden. Oft werden bei dieser Bauart mehrere Häuser zu einem Gehöft vereinigt, meist umgiebt man dasselbe mit Palmrippenzäunen oder auch mit dünnen Lehmmauern (Nkunya), die an die Hauswände anschliessen.

B. Die Hütte mit rundem oder quadratischem Grundriss mit Kegeldach. Meist werden die Wände ohne inneres Gerippe nur aus Lehm hergestellt. Das Dach liegt in diesem Falle auf den Wänden nicht auf, sondern es ruht auf ausserhalb der Wand stehenden Stützen. Zuweilen wird es in der Mitte durch eine lange senkrechte Stange gestützt. Über die Spitze des Daches wird bisweilen ein Thontopf gegen das Eindringen des Regens gestülpt. Falls die Lehmwand ein inneres Gerippe von Stangen oder Palmrippen erhält, ruht das Dach bisweilen auf der Wand selbst. Ich habe dies in Atakpame gesehen.

Die Thür ist meist ein ziemlich kleines, unregelmässig ovales Loch; sie wird auch durch eine festgeklemmte Palmrippenmatte geschlossen.

Wo diese Bauart angewandt wird, stehen die Gebäude meist einzeln. zu Gehöften vereinigt habe ich sie jedoch auch zuweilen gesehen (Atakpame).

Die Dimensionen dieses Hauses schwanken ebenfalls sehr. Das Durchschnittshaus mag einen Durchmesser von 4—5 m und eine Wandhöhe von etwa 1.40 m haben. Die Spitze des Daches steht etwa 3 m über dem Erdboden.

Die Empfangshalle des Atakpame-Häuptlings, die auch in diesem Stil gebaut ist, das grösste Gebäude dieser Art, das ich gesehen, hat einen Durchmesser von etwa 8 m, und die Dachspitze steht etwa 5 m über dem Erdboden.

C. Das Lehmkastenhaus. Der Grundriss des Hauses ist meist rechteckig, das ganze Haus hat die Form eines Kastens. Die Wände sind aus Lehm mit oder ohne inneres Gerippe aufgeführt. In etwa Mannshöhe sind runde, schiessschartenartige Löcher, die mit Topfhälsen eingefasst sind, angebracht. Das Dach liegt nicht auf der Wand auf, sondern ruht auf ausserhalb stehenden Stützen. Es besteht aus einem durch eine Art Spaltschindeln dichtgemachten Stangenrost, auf den eine wohl 10 cm starke Lehmschicht aufgetragen wird. Der Lehm wird oben geebnet und der Rand rund herum etwas erhöht. Oft wird das Dach noch mit Steinen beschwert. Die Thüröffnung ist unregelmässig oval und wird verschlossen wie bei Hausart *B.*

Diesen Lehmkastenhäusern werden in der Landschaft Likpe oft hohe thurmartige Formen gegeben, und besonders mag erwähnt werden, dass ich in Aχolo ein derartiges Haus mit einem Oberstock fand. Dieses Haus wurde mir von den Eingeborenen selbst als Merkwürdigkeit gezeigt. Es hatte einem reichen einheimischen Händler gehört, der vor einigen Jahren gestorben war. Aus Furcht vor dessen Geist wagte man nicht mehr, das Haus zu bewohnen, und so begann es zu verfallen. Die Zwischendecke bestand aus einem mit Lehm roh verputzten Stangenrost, die Treppe zum Oberstock aus Lehm.

Auch die Dimensionen dieses Hauses sind verschieden. Es ist durchschnittlich etwa 2 m hoch und gerade so breit, dabei 4—5 m lang. Sein Inneres besteht oft aus zwei und mehr Räumen, die durch Lehmwände von einander getrennt sind.

D. Das Haus mit Oberstock, rechteckigem Grundriss und Satteldach mit meist geschlossenem Giebel. Diese Hausform ist wohl sicher europäischen Ursprungs. Die Form und Grösse schwankt sehr. Die am häufigsten vorkommende Art ist folgende:

Unten in der Mitte ist zu ebener Erde eine offene Halle (zuweilen ist sie nur auf einer Seite offen), rechts und links je ein Gelass, das zum Schlafen und zum Aufbewahren von Vorräthen dient. Neben der Halle führt im Innern eine Lehmtreppe zum Oberstock. Die Zwischendecke besteht aus einem mit Lehm verputzten Stangenrost. Im Oberstock sind ein oder mehrere Räume, das Dach steht meist unmittelbar über ihm, zuweilen ist jedoch noch eine verputzte Stangendecke dazwischen.

Das Haus des Häuptlings Aüpa von Bato, das grösste Eingeborenenhaus, das ich in Afrika gesehen habe, hatte fünf grosse Räume im Oberstock, der Dachansatz lag über 6 m über der ebenen Erde. Fensteröffnungen haben diese Häuser fast stets.

Wo diese Häuser vorkommen, sind sie fast stets mit anderen Gebäuden zu einem Gehöft vereinigt.

Was die Verbreitung dieser vier Häuserformen anbetrifft, so herrscht im S. in der Nähe der Küste die rechteckige Hausform ohne Oberstock vor. Sie dringt im W. am Volta hinauf bis zum Asuokoko, in den Fetischbergen bis zur Landschaft Deine, weiter im O. bis Gbelle vor. Es ist deutlich zu beobachten, dass die Hausform A allmählich weiter vordringt und rasch immer mehr Terrain erobert; sie ist auch entschieden die höher stehende Bauart.

Die Hausform B beginnt am Volta erst jenseits des Asuokoko vorzuherrschen (eingesprengt kommt die Hausform A in der Landschaft Tribu vor). In den Fetischbergen beginnt sie in der Landschaft Akposso, im O. in der Landschaft Atakpame.

Dass an dem Hange des Agu im Stamm der Agu Kebu diese Bauart mitten in der Region der rechteckigen Häuser vorkommt, habe ich schon erwähnt. Das alte Fetischdorf Apegame auf dem Gipfel des Agu, zum Agu-Nyambo-Stamm gehörig, hat auch runde Hütten, es ist fast ganz verlassen.

Die Häuser in Akposso haben quadratischen, die in Kebu und Atakpame fast stets runden Grundriss. In der Landschaft Akposso Lithime herrscht in den südlichen Dörfern das rechteckige und das Lehmkastenhaus, die beide von Buëm dorthin gelangt sein mögen, vor.

Das Lehmkastenhaus herrscht vor in Buëm, Apafu, Boviri, Santrekofi, Likpe und Aχolo. In Buëm gewinnt jedoch das rechteckige Haus immer mehr Terrain, während man in den anderen Landschaften ausschliesslich Lehmkasten sieht.

In Worawora und Tapa sieht man nur die Hausform A, nur einige Fetischpriester bewohnen noch Lehmkasten; dasselbe ist in Nkunya der Fall, wo ich nur drei Exemplare dieser Häuser sah. Vielleicht war hier der Lehmkasten früher Stammesbauart, und nur die Fetischleute haben ihn noch beibehalten.

Das Haus mit Oberstock, Form D, ist wahrscheinlich portugiesischen Ursprungs, es kommt von dem östlichen Theil der Küste bis nach Atakpame und Pessi hinauf vor. Von hier hat es sich in einzelnen Exemplaren nach Akposso, Kebu und Gbelle verbreitet.

Überall bildet es nur ein Eigenthum der wohlhabenderen Leute, die ärmeren haben ihre alte Bauart beibehalten.

Ich glaube, dass die ursprünglich in diesen Gegenden heimische Bauart die der runden Hütten ist. Von den anderen scheint mir nicht nur das Haus mit Oberstock, sondern auch die Hausart A auf Küsteneinflüsse zurückzuführen zu sein. Hierfür spricht das rasche Vordringen des letzteren in den verkehrsreicheren Gegenden, während in den verkehrsärmeren die runde Hütte länger beibehalten wird. So herrscht in einem Theil des Hinterlandes der englischen Stadt Kwitta, das mit der Küste sehr wenig Verkehr hat, die runde Hüttenform noch einen Tagemarsch von der See entfernt vor.

Das Lehmkastenhaus hat eine auffällige Ähnlichkeit mit den im Barth'schen Werk dargestellten Häusern von Kuka, Timbuktu u. s. w., die ihrerseits wohl auf arabische Einflüsse zurückzuführen sind. Jedenfalls ist es eine ziemlich hoch entwickelte Bauart.

Als eine besondere Art von Hütten könnte man vielleicht noch die Bienenkorbform nennen. Diese Art Hütten ist sehr klein, meist nur ein provisorischer Schlafraum für eine einzelne Person. Sie besteht gewissermaassen nur aus einem Dach und hat ungefähr Calottenform, der Eingang ist nur zum Hineinkriechen berechnet. Im Misahöher Bezirk habe ich sie nur in den Haussa-Lagern bei Quamikrum gesehen. In grösseren Dimensionen und besserer Ausführung sah ich sie dagegen bei Kratyi.

Die Gummisammler und Jäger im Busch errichten sich für die Nacht und zum Schutze gegen Regen einfache Schirme, die sie mit Gras oder Palmblättern bedecken.

Einige einheimische Bezeichnungen von Häusern und Haustheilen.

(Siehe die dazu gehörigen Figuren.)

Figuren zu *B*.

	Kebu	Akposso
Das Haus	*ugube* – ᷄ ⌣	—
Das Dach	*kupā* ́ –	—
Wand 1	*bȩdirȩ* ⌣ ̀ ⌣	*dili* ́ –
Dachstütze 2	*barȩ* ́ ⌣	*itχu* ́ –
Dachstock 3	*larelu gubȩ* – ̀ – ́ ⌣	*latyu* ́ –
Querstock 4	*rodyüo* ⌣ ́ ⌣	*itχu* ́ –
Oberster Stock 5	—	*kogama* ⌣ ̀ –
Grasdecke des Daches 6	*bore* ́ ⌣	*uwi* ́ –
Reifen unter der Dachspitze 7	*gube gole* ́ ⌣ ̀ ⌣	*ablako* – ̀ –
Mittelstütze 8	*bare* ́ ⌣	—
Herd 9	*oduge* ⌣ ́ ⌣	*etule* ̀ – ⌣
Bettstatt (Lehmerhöhung) 10	*dandande* ⌣ ̀ ⌣	*adapo* – ́ ⌣
Lehmsitz 11	*bogore* ⌣ ́ ⌣	*tiya* – ̀
1 m hohe Scheidewand 12	*gринȩ* – ̀	*ugri* – ́
Kornurne 13	—	*wuli* ́ –
Kleiderhaken der Akposso 14	—	*awa* ́ ⌣
Thüröffnung 15	*ware* ́ ⌣	*raχu* ̀ –
Erhöhung längs der Wand, darin Herd und Löcher zum Aufstellen von Kalebassen 16	*boviaye* ⌣ – ́ ⌣	—
Löcher für Kalebassen 17	*vumbirȩ* ⌣ ́ ⌣	—
Schweinekoben	*vamuile* – – ́ ⌣	—
Thürverschluss in Gestalt einer Palmrippenmatte	—	*zeri* ́ –
Schlafmatte	—	*tiχo* ́ –

Figuren zu *C.*

	Buěm	Apafu	Santrekofi	Likpe	Aχolo
Haus	oto	—	—	—	—
Wand	godu	ibre	oyir	ofati	iti
Dach	otokato	—	letya	—	—
Dachstütze 1	lepa	ikpa	lekpaka	lela	itisa
Horizontale Längsstange 2	ota	oigri	olele	aihopo	olili
Horizontale Querstangen 3	kutyige	grise	osobi	asike	otine
Schindeln 4	letodyi	—	wosoye	kofebitye	obuba
Lehmbedeckung des Daches	leti	sise	kote	ditya	ikasa
Thüröffnung 5	—	kukui	kokufu	kesie	—
Palmrippenmatte zum Thürverschluss	kebuta	—	—	—	—
Bettstatt (Lehmerhöhung) 6	·—	axige	oti	okla	—
Schlafmatte	—	—	okla	—	—
Herd	—	—	—	—	aili
Kornurne	uño	—	owru	ŭu	udumo

Sprachenverhältnisse.

Das oben abgegrenzte Gebiet des Misahöher Bezirkes bildet in vieler Hinsicht linguistisch ein abgeschlossenes Ganze. Es greift in sich eine erhebliche Anzahl kleiner Sprachinseln, die zum grössten Theil in die Gebirgsgegenden fallen, in denen sich die erwähnten kleinen Völker-Trümmer und -Splitter festgesetzt haben, die in der abgeschlossenen unzugänglichen Lage ihrer Domicile ihr Idiom zu bewahren vermochten.

Von allen Seiten nun dringen auf diese kleinen Sprachinseln mächtige absorbirende linguistische Einflüsse ein, und es ist nur eine Frage der Zeit, wann die ersteren den letzteren völlig erliegen werden.

Von S. wirkt in breiter mächtiger Front das Evhe mit seinen zahllosen Dialekten ein, ebenso wirkt dasselbe von O. in den Fö-Dialekten und von NO. von Pessi aus.

Von W. und NW. wirkt in gleich machtvoller Weise das Tshi (Ashanti).

Diesen beiden Sprachen werden die übrigen sicher nicht Stand halten, zumal diese den Bedürfnissen einer höheren Cultur entsprechend ausgebildet und von den Missionaren zur Schriftsprache erhoben worden sind. Es lässt

sich auf das Deutlichste in allen Abstufungen beobachten, wie die kleinen
Sprachinseln durch die Evhe- und Tshi-Sprache allmählich absorbirt werden,
und zwar geht diese Absorption um so schneller vor sich, je mehr sich der
Handel und Verkehr steigert.

In der Gegend von Worawora und Tapa wurde ich durch den farbigen
Missionar Clerk, einen genauen Kenner der Tshi-Sprache, darauf aufmerksam
gemacht, dass das Tshi der dortigen Eingeborenen viele fremde Elemente
enthielt, und es gelang mir mit seiner Hülfe festzustellen, dass dieselben
noch vor wenigen Menschenaltern eine eigene Sprache gesprochen hatten,
die jedoch verschollen und bis auf wenige Anklänge von der Tshi-Sprache
absorbirt ist. Es ist mir gelungen, noch einige Worte dieser alten (Boro-)
Sprache zu sammeln. Der alte, etwa 70jährige Mann, der sie mir sagte,
erzählte mir, dass in seiner Jugend das Tshi zwar schon geherrscht habe,
dass damals jedoch noch viele Leute die Boro-Sprache verstanden hätten.

Ähnliche Vorgänge haben wir, wenn auch nicht in so vorgerücktem
Maasse, in Gbelle und Muatschä einerseits und im Agu-Gebirge andererseits.

In Gbelle und Muatschä existirt eine übereinstimmende Fetischsprache.
die jedoch auch von vielen Nichtfetischleuten verstanden wird, mithin keines-
wegs Alleingut der Priester ist. Gerade diese Sprache vermochte ich sehr
ausführlich aufzunehmen.

Es scheint mir kaum zweifelhaft, dass es sich hier um eine alte
Stammessprache der Gbelle- und Muatschä-Leute handelt, die durch die
Evhe-Sprache als Verkehrssprache verdrängt ist und die nur noch die
conservativen Elemente, so namentlich die Fetischleute, beibehalten haben.

Ähnlich verhält es sich mit der von dieser gänzlich abweichenden
Fetischsprache des Agu (der χebeso-Sprache). Diese Sprache ist, soweit
mir bekannt, Priestersprache im ganzen Evhe-Sprachgebiet mit Ausnahme
von Gbelle und Muatschä, doch wird sie am Agu auch von Nichtfetischleuten verstanden, ja ich habe in den Agu-Kebu-Stämmen sogar Leute
gefunden, die sie fast ausschliesslich sprechen und die fast gar nicht Evhe
verstehen.

Es ist gewiss kein zufälliges Zusammentreffen, dass der bereits vorher erwähnte Agu-Kebu-Stamm in den unzugänglichsten Theilen des Agu-
Bergstockes, der die χebeso-Sprache noch am meisten anwendet, seine
Häuser noch durchweg in der runden Form mit Kegeldach baut, während
die übrigen Stämme, die sie nur als Priestersprache gebrauchen, bereits
zur rechteckigen Hüttenform übergegangen sind.

Der Agu ist der Sitz eines der ältesten, wichtigsten Fetische des Landes.
der namentlich zur Zeit der Ashanti-Kriege seine Macht geäussert haben
soll, jetzt aber allmählich an Ansehen verliert. Noch heute wimmelt es
dort von Priestern, und es scheint mir recht verständlich, dass sich die alte,
jetzt als Verkehrssprache erloschene Sprache der dortigen Bewohner durch
die Priester, die dort ihre Lehrzeit durchmachten, als Fetischsprache im
Lande verbreitete.

Dass von der Priesterkaste eine Geheimsprache künstlich geschaffen
sein soll, daran glaube ich nicht.

Diese beiden Fetischsprachen sind die einzigen, die ich festzustellen vermochte, die kleinen Stämme mit eigenen Sprachen benutzen diese Sprachen
gleichzeitig beim Fetischdienst.

Als Ausnahme könnte man hier vielleicht Atakpame erwähnen. Hier
gehen die Fetischleute aus dem Evhe sprechenden Wutu-Stamm hervor,
und so kommt es, dass die Evhe-Sprache zur Fetischsprache geworden ist
und es Fetischlieder in der Stammessprache von Atakpame (Anago) überhaupt nicht giebt.

In einem anderen linguistischen Stadium befindet sich der Agotime-
Stamm, der zur Stammsprache einen Adangme-Dialekt hat[1]. Seit die Agotime-Leute ihre jetzigen Sitze innehaben, hat sich in ihrem leicht zugänglichen verkehrsreichen Lande die Evhe-Sprache so eingebürgert, dass sie
thatsächlich Biglotten geworden sind. Sie bedienen sich der Evhe- und
der Adangme-Sprache in gleicher Weise. Dass die erstere die letztere ab-
sorbiren wird, erscheint mir sicher und nur eine Frage der Zeit.

Besonders eigenthümlich liegen die linguistischen Verhältnisse in
Nkunya, wo die Stammessprache ein Guang-Dialekt ist.

Die Landschaft liegt an der viel betretenen Handelsstrasse des Volta-
Gebietes, und auf sie wirkt von N. die Tshi-, von S. die Evhe-Sprache.
Der Einfluss der ersteren überwiegt, und sie wird von den kleinen Kindern
mit dem Guang gleichzeitig gelernt. Doch auch die Evhe-Sprache wird
von fast allen Nkunya-Leuten verstanden und gesprochen, so dass dieselben grösstentheils Triglotten sind. Hier wird es wohl die Tshi-Sprache
sein, die die Stammessprache allmählich aufsaugen wird.

Von den vier kleinen, innerhalb des Evhe-Gebietes dicht neben einander liegenden Sprachinseln Avatime, Logba, Tafi und Nyambo[2], von
denen die beiden letzten einander sehr ähnlich sind, ist die von Avatime
die grösste. Aus der Avatime-Sprache sind auch viele Worte in die drei
anderen Sprachen übernommen worden.

In allen vier Sprachgebieten wird die Evhe-Sprache fast durchweg
verstanden und gesprochen, doch ist hier die Absorption durch dieselbe
noch lange nicht so weit vorgeschritten als in Agotime, was wohl zum
grossen Theil seinen Grund in der weniger zugänglichen Lage der kleinen
Landschaften hat.

In allen vier Gebieten bedienen sich die Leute unter sich ausschliesslich der Stammesidiome.

Sehr stark vom Tshi beeinflusst ist der Theil von Buëm, der die
Sprache von Borada zur Stammessprache hat. Die Gebiete, in denen Tshi
ausschliesslich gesprochen wird, grenzen im N. und W. an ihn. In den
Borada-Dörfern bedienen sich die Leute im Verkehr unter sich zwar noch

---

[1] Adangme wird ausserdem noch in einigen Dörfern einen Tagemarsch N.
von Klein-Popo gesprochen.

[2] Christaller führt (Zeitschrift für afrikanische Sprachen Jahrg. 1 Heft 1)
noch Kpando als besondere Sprachinsel an, doch ist dies ein Irrthum: Kpando
spricht Evhe.

ausschliesslich des Stammesidioms, doch versteht und spricht der grösste
Theil der Bevölkerung Tshi.

Es folgt der Stamm der Boviri-Leute. Hier wird Evhe und Tshi
nur von einem Theil der Leute verstanden und gesprochen, die Stammessprache überwiegt bei Weitem. Doch sind viele Worte, die die fort-
schreitende Cultur verlangt, den beiden Sprachen entlehnt.

Ähnlich verhält es sich mit den beiden Sprachinseln Santrekofi und
Apafu, die beide in dem Santrekofi-Bergzug liegen. Die Unzulänglichkeit
ihrer Wohnsitze hat fremde Spracheinflüsse hier lange ferngehalten, und
erst in letzterer Zeit, seit das Geschäft des Gummihandels hier mehr
betrieben wird, beginnen sie sich mehr geltend zu machen.

Jedenfalls versteht und spricht in diesen Gebieten nur ein kleiner
Theil der Bevölkerung Tshi oder Evhe und auch dieser meist nur so weit,
als er es beim Handel braucht.

Ich komme zu dem Atakpame-Stamm, der meiner Meinung nach, wie
oben erwähnt, ein losgelöster Splitter des grossen Anago-Stammes ist.
Ich fand bei der Aufnahme der Sprache gegen 90 Procent der Worte
mit den betreffenden Anago-Wörtern fast genau übereinstimmend, und
meine Anago-Soldaten konnten sich mit den Atakpame-Leuten gut verständigen.

Wenn die Cultur der Atakpames auch auf ihre viel tiefer stehenden
Nachbarn einen erheblichen Einfluss gehabt hat, so hat ihre Sprache doch
nicht die nöthige Expansionskraft gehabt, um ausserhalb der Grenzen des
Landes einen bedeutenden Einfluss zu gewinnen. Vielmehr dringt auch auf
Atakpame von N., S. und O. her mächtig der Einfluss des Evhe ein, das
sich den Charakter einer Handelssprache bereits gerade so erworben hat,
wie den einer Fetischsprache durch den Wutu-Stamm. Ich glaube, dass
auch die Atakpame-Sprache, wie alle die übrigen kleinen Sprachstämme,
sicher, wenn auch langsam, verschlungen werden wird. Sie wird erlöschen
und nur noch in dialektischen Eigenthümlichkeiten der siegenden Evhe-
Sprache spürbar bleiben.

Im NW. der Atakpame-Landschaft befinden sich noch drei Dörfer
(Hauptdorf Atakfeme), in denen ein Fö-Dialekt als Stammessprache gesprochen wird.

Von den noch übrig bleibenden Sprachgebieten ist das grösste und
wichtigste unstreitig Akposso. Die Akposso-Sprache wird von über
30000 Menschen gesprochen.

Ihrer unzugänglichen Wohnsitze halber sind die fremden linguistischen
Einflüsse bei den Akpossos nicht weit über die Ränder der Landschaft
hinaus eingedrungen.

Im Innern, wo die Dorfbewohner beim Anblick eines Weissen noch
vielfach wie ein Rudel Antilopen nach allen Seiten fliehen, kann man viele
Ortschaften durchwandern, ohne einen Mann zu finden, der Evhe oder
Tshi auch nur radebrecht. — Auf das Sprachgebiet der Akposso wirkt von
W. die Tshi-Sprache, die in der westlichen Randabtheilung Lithime viel
gesprochen wird. Von S. und O. wirkt die Evhe-Sprache. Dass sich im

S. in den Sodo-Dörfern ein ganz abweichender Akposso-Dialekt herausgebildet hat, ist bereits oben erwähnt worden.

Ähnlich liegen die Verhältnisse in dem viel kleineren Kebu, das vielleicht 4000 Einwohner zählt. Auch hier findet man nur wenige Leute, die Tshi und noch weniger, die Evhe sprechen. Es sind dies nur solche, die auf Handelsreisen weiter herumgekommen sind.

Es bleiben nun noch die beiden Sprachgebiete von Likpe und Aχolo übrig. Beide Stämme sprechen gänzlich von den anderen abweichende Idiome, und bis in die neuere Zeit waren andere Sprachen dort fast ganz unbekannt. Auch sie sind, seit der Gummihandel aufgekommen ist, mehr und mehr in Verkehr gekommen, und eine Anzahl Leute versteht und spricht Tshi oder Evhe, doch spielen beide Sprachen dort noch keine erhebliche Rolle, und zwar in dem tief in den Bergen liegenden Aχolo noch weniger als in dem mehr zugänglichen Likpe.

Nachdem es mir somit gelungen ist, noch einige neue Sprachinseln, eine bisher unbekannte Fetischsprache und eine vor Kurzem verschollene Sprache festzustellen, drängt sich mir fast mit Gewalt die Vermuthung auf, dass ein grosser Theil der zahlreichen, verschiedene Evhe-Dialekte sprechenden Stämme in früheren Zeiten eine eigene Stammessprache gehabt hat, die, vom Evhe verschlungen, diesem nur den Charakter eines abweichenden Dialektes zu geben vermocht hat.

Die Tradition der Neger reicht nicht weit zurück, sie sind in ihrem Geistesleben und so auch in ihrer Sprache fremden Einflüssen sehr zugänglich. Ich habe in verschiedenen Stämmen von alten Leuten als Sage erzählen hören, der Stamm hätte früher eine eigene Sprache gehabt, sie jedoch aufgegeben und vergessen. Niemand kannte mehr ein Wort der alten Sprache.

Das Sprachleben scheint sich hier in beständigem Fliessen zu befinden, die Sprache wird abgelegt und angenommen wie ein Kleid. Bestimmend für das Tempo des Wechselns und Umbildens scheint mir die grössere oder geringere Lebhaftigkeit des Verkehrs der Stämme unter einander zu sein.

Geschichtliche Ereignisse, so die Ashanti-Einfälle von W. und die der Dahomeh von O., die die Stämme durch einander wirbelten und zum, wenn auch nur vorübergehenden, Wechsel ihrer Wohnsitze zwangen, beschleunigten das Umbilden und Verschmelzen der Sprachen.

Über den Einfluss, den die Thätigkeit der europäischen Verwaltung und das Aufkommen des Gummisammelns und -Handelns auf die Steigerung des Verkehrs und somit die Umbildung der Sprachen gehabt hat und noch hat, ist bereits vorher gehandelt worden.

Die Fixirung und sorgfältige Vereinheitlichung der Tshi- und Evhe-Sprache durch Erhebung zu Schriftsprachen besiegelt meiner Ansicht nach den Sieg derselben über die übrigen Stammidiome.

Von diesen vorerwähnten Sprachen, die ich sammt den Fetischsprachen als heimisch und ortsangehörig bezeichnen möchte, komme ich zu den Fremdlingen unter den Sprachen.

Unter diesen nimmt den hervorragendsten Platz die Haussa-Sprache ein, wenn diese hier auch nicht annähernd die Rolle spielt, wie in den nördlichen Bezirken.

Die Haussas haben an vielen Plätzen der Handelsstrasse, die, vom Sudan über Salaga und Kratyi kommend, einen Zweig über Ntshunnuru und Misahöhe nach Lome und mehrere Zweige über Kpandu nach Kwitta und Akra sendet, Niederlassungen zu Handelszwecken gegründet, von denen die grössten in Kpandu und Kwamikrum sind.

Doch bleiben sie Fremdlinge im Lande; sie sondern sich als Mohammedaner, so äusserlich ihr Glaube auch ist, von den Eingeborenen ab und verkehren mit ihnen nur, soweit es ihre Handelsinteressen erfordern.

Daher hat das Haussa auf die hiesigen Sprachen auch nur einen sehr geringen Einfluss gehabt. Nur wenige Eingeborene verstehen von der Sprache mehr als einige Brocken. Die grösseren Haussa-Händler sind fast alle des Tshi. viele auch des Evhe mächtig.

Man kann sagen, dass das Herrschgebiet des Haussa als Verkehrssprache erst nördlich von Kratyi beginnt. Es folgen somit die Herrschgebiete von Evhe. Tshi und Haussa in südnördlicher Richtung auf einander.

Es kommen nun die Sprachen der nördlichen Stämme, die ebenso wie die Haussas, und mit diesen von den Eingeborenen als Salaga-Leute zusammengefasst, als Händler in's Land kommen.

Man trifft Leute mit diesen Sprachen vorzüglich in den Voltadistricten, wenn sie auch als Händler und Sclaven vereinzelt im ganzen Gebiet zu finden sind. Diese Sprachen haben keinerlei Einflüsse auf die Idiome der Eingeborenen geübt und werden von denselben nie gesprochen, auch fast nie verstanden.

Ich fasse nun nachstehend alle Sprachen, die ich im Misahöher Bezirk. sei es einheimisch oder als Fremdlinge, gefunden habe, zusammen und führe sie in nachstehender Anordnung auf:

    A. Einheimische Sprachen:
        I. herrschende und absorbirende Sprachen: 1. Evhe, 2. Tshi;
       II. allmählich zurückweichende Stammessprachen: 3. Adangme,
           4. Atakpame, 5. Avatime, 6. Logba, 7. Nyambo, 8. Tafi,
           9. Nkunya, 10. Borada, 11. Apafu, 12. Boviri. 13. Santre-
           kofi, 14. Kebu, 15. Akposso, 16. Likpe, 17. Aχolo;
      III. Fetischsprachen: 18. Fetischsprache vom Agu (Xebeso-
           Sprache), 19. Fetischsprache von Gbelle und Muatschä;
      IV. erloschene Stammessprachen: 20. Boro-Sprache.
    B. Von Fremden, Ansiedlern, Händlern und dergl. gesprochene
        Sprachen: 21. Haussa, 22. Dagomba, 23. Moshi, 24. Grussi (sieben
        ganz verschiedene Dialekte), 25. Saberma, 26. Tshautsho, 27. Fillani,
        28. Nupe, 29. Timbuktu (wohl Sonrai). 30. Kanuri, 31. Mande,
        32. Bagrima, 33. Arabisch (ganz vereinzelt), 34. Adeli, 35. Kratyi.
        36. Akim, 37. Fante. 38. Ga, 39. Lagos, 40.—42. 3 Vei-Sprachen,
        43. Kru.
    C. Europäische Sprachen: 44. Deutsch, 45. Englisch. 46. Französisch,
        47. Portugiesisch.

Von den Sprachen aus anderen Colonien, die von einzelnen weit gereisten Negern verstanden werden, wie Dualla und Kiswaheli, sehe ich hier ab. Trotzdem komme ich auf 47 Sprachen, in Anbetracht der Kleinheit des Bezirkes eine recht stattliche Zahl.

Was die Sprachenkunde der Bevölkerung anbetrifft, so findet man unter den intelligenteren Eingeborenen recht häufig Polyglotten, die eine ganz erhebliche Zahl Sprachen sprechen. Ich kenne Leute, die acht bis zehn Sprachen beherrschen und stets praesent haben.

Freilich sind ja die hiesigen Sprachen fast alle verwandt. Ausserdem darf man sich durch die scheinbare Leichtigkeit, mit der viele der Eingeborenen fremde Idiome so weit lernen, dass sie sich in denselben verständigen können, nicht täuschen lassen. Die Leute bedienen sich während des Sprechens einer so drastischen Gebärdensprache, dass es oft fast scheint, als unterhielten sich zwei Taubstumme. Mit Hülfe dieser Gebärdensprache und einiger weniger Worte des fremden Idioms kann sich der Schwarze mit Leuten des betreffenden Stammes vollständig verständigen. Ihre Unterhaltung dreht sich in solchen Fällen ja auch nur um die allereinfachsten concreten Dinge.

Von Interesse dürfte es ferner sein, dass ich festzustellen vermochte, dass die Haussa-Sprache von den nördlichen Stämmen, wie Dagomba, Grussi, Moshi u. A., als Verkehrs- und Handelssprache oft in ähnlicher Weise vereinfacht und verballhornt wird, wie es mit dem zum sogenannten Nigger-Englisch degradirten Englisch geschehen ist. Das reine, fein ausgebildete Haussa, wie Schön es darstellt, findet man nur bei wenigen Leuten dieser Stämme.

Als Curiosum sei noch erwähnt, dass von manchen Eingeborenen zur geheimen Verständigung eine Art Gaunerjargon durch Verdrehen und Umstellen der Worte gebildet und angewandt wird.

Auch eine Unterhaltung lediglich in Sprichworten und Symbolen, die für Uneingeweihte nicht verständlich ist, ist üblich.

Lieder und Gesänge.

Der ausserordentliche Einfluss, den die Tshi- und Evhe-Sprache haben, zeigt sich auch in dem Umstand, dass alle die oben erwähnten kleinen Stämme Lieder in einer der beiden Sprachen oder in beiden haben, mehrere von ihnen haben Lieder in ihrem Stammesidiom überhaupt nicht. Selbst Stämme, in denen nur einige wenige Leute Tshi oder Evhe verstehen, singen Lieder in diesen Sprachen.

Speciell stammen alle Kriegslieder von den Ashanti und Dahomeh. Der Dahomeh-Dialekt wird dabei häufig als Liedersprache beibehalten, doch werden die Lieder auch bisweilen in die anderen Evhe-Dialekte übersetzt. Was die einzelnen Stämme anbetrifft, so haben:

Logba, Tafi, Likpe. Aγolo. Boviri keine Lieder in ihrer eigenen Sprache, sondern nur in Evhe und Tshi;

Nyambo hat ein Todtenlied;

Avatime ein Fetischlied, das jedoch nur in häufiger Wiederholung des Namens des Fetisch (*osumuze*) besteht, in der eigenen Sprache, sonst alle Lieder in Tshi und Evhe;

Nkunya, Borada Lieder in der Tshi- und der Stammessprache; Atakpame, Apafu, Santrekofi, Kebu, Akposso Lieder in der Stammes-, der Tshi- und der Evhe-Sprache; von der letzteren wird besonders der Dahomeh-Dialekt angewandt.

Was die Art der Lieder betrifft, so wird ja sehr viel improvisirt, ein besonders Gescheiter sagt einen Satz, der dann von den Anderen nachgesungen und wiederholt wird. Doch giebt es auch überall feststehende Lieder, die bei gewissen Gelegenheiten stets wieder gesungen werden. Auffällig war es mir bei einzelnen derselben, dass die in ihnen enthaltenen Worte oft von den im Verkehr gebrauchten Worten abweichen. Ich vermuthe, dass dies an dem Alter der Lieder liegt; man hat sie unverändert gelassen, während die Verkehrssprache inzwischen Wandlungen erfahren hat.

Die Lieder sind oft nur wenige, scheinbar ohne Zusammenhang neben einander gesetzte Worte, doch wissen Alle, die sie singen, was diese Worte bedeuten und verstehen sie zu erklären.

Die Erklärung weniger Silben ist oft lang. Man nimmt zum Singen aus langen Sätzen gewissermaassen nur die Stichworte heraus. Die Lieder bewegen sich fast stets in Bildern und Gleichnissen.

Bemerkungen zu der Skizze der Sprachenlagerung.

Die Skizze ist unter Benutzung der bereits vorhandenen Karten und meiner eigenen Wegeaufnahmen gezeichnet worden. Doch habe ich die einzige meines Wissens bisher vorhandene Sprachenkarte, die von Dr. Henrici (Lehrbuch der Evhe-Sprache), völlig ausser Acht gelassen. Dieselbe ist überall ganz ungenau und zum grössten Theil gänzlich falsch, daher unbenutzbar.

Auf geographische Genauigkeit kann meine Skizze keinen Anspruch machen, sie soll nur die Vertheilung der Sprachen übersichtlich darstellen.

Grundsätzlich habe ich nur die Ortschaften eingezeichnet, die ich selbst besucht habe; um die Skizze jedoch zu einer erschöpfenden zu machen, habe ich noch die Adangme-Sprachinsel im N. von Klein-Popo und die Fetischsprachinsel von Muatschä angedeutet, obwohl ich dort persönlich nicht war. Ferner sind die grossen bekannten Orte Adda, Gross-Popo, Anum und Pessi, die ich nicht besucht habe, der Übersichtlichkeit und leichteren Orientirung halber eingetragen.

Ich habe die Vermuthung ausgesprochen, dass im Laufe der Zeit alle die noch vorhandenen kleinen Sprachinseln von der Evhe- und Tshi-Sprache werden aufgesogen werden. Ich habe es unternommen, eine Grenzlinie zwischen dem Herrschgebiet beider Sprachen zu ziehen, obwohl ich

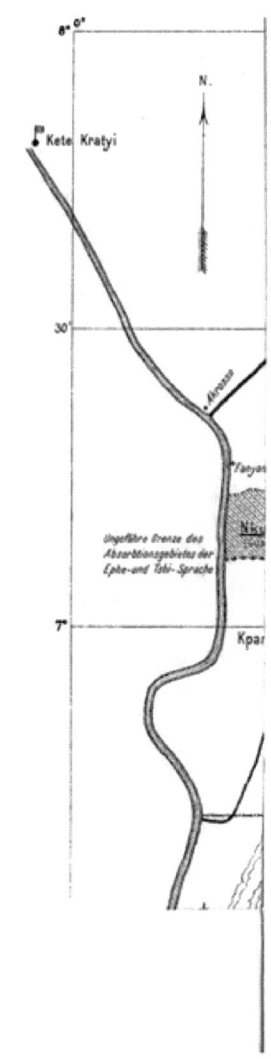

8° 0"

N.

♪ Kete Kratyi

30'

*Abyasa

*Fanyau

Ungefähre Grenze des
Absorptionsgebietes der
Ephe-und Tshi-Sprache

Nku...

7°

Kpan

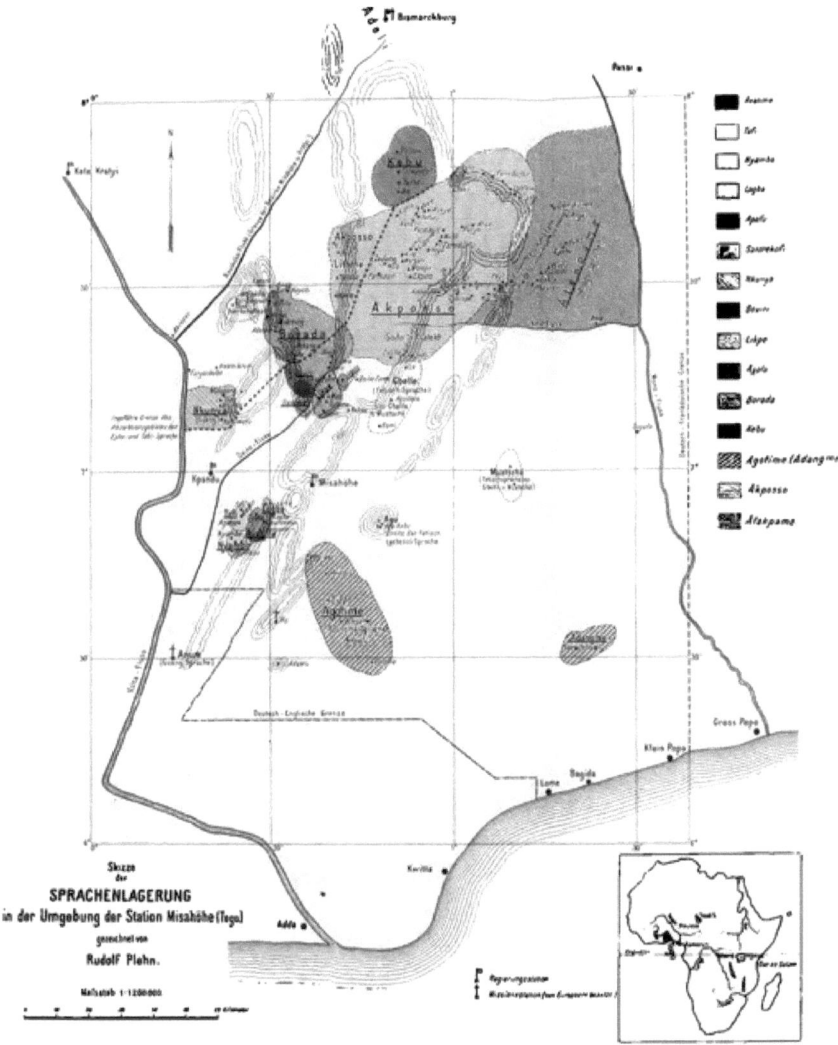

Skizze der
SPRACHENLAGERUNG
in der Umgebung der Station Misahöhe (Togo)
gezeichnet von
Rudolf Plehn.

Maßstab 1:1200000

mir klar darüber bin, dass von einer scharfen Abgrenzung beider Gebiete nicht die Rede sein kann. Immerhin lässt es sich bei genauer Beobachtung recht wohl constatiren, welche von beiden Sprachen in einer Landschaft als Verkehrssprache überwiegt.

Es ist in der Skizze das Gebiet eines jeden ein eigenes Idiom sprechenden Stammes durch Farbentönung und Schraffierung bezeichnet. Das Gebiet der Evhe- und Tschi-Sprache ist weiss gelassen, ebenso sind bei den Gebieten der Fetischsprachen und der verschollenen Boro-Sprache nur die entsprechenden Bemerkungen dazu geschrieben worden.

ANHANG.

Lieder und Gesänge.

Gesänge des Avatime-Stammes.

1. *osunuse* etwa 30 Mal wiederholt

Das einzige Lied in der Avatime-Sprache ist ein Fetischlied, das nur eine wohl 30 Mal wiederholte Nennung des Fetisch-Namens nach einer bestimmten Melodie ist; es wird bei Fetischfesten beim Untergehen der Sonne gesungen.

2. *gapelo gadye-χodyi yovotu*

   gapelo gadyeχodyilo

   eduple dyomade miavabe (2 Mal gesungen)

   gapelo gadyeχodyi be

gapelo Amboss oder Gewehrkugel, *gadye* fällt hinunter, *χodyi* Hausdach, *yovotu* Gewehr des weissen Mannes, *edu* Pulver, *ple* und, *dyo* Feuer, *made* kann nicht, *miavabe* heute.

Ein Todtenlied, das jedoch vielfach auch bei dem eigenartigen Kriegstanz der Avatime gesungen wird. Es wird dabei die mit Menschenschädeln behängte Kriegstrommel geschlagen. Die sinngemässe Übersetzung würde lauten:

»Der Amboss und das Gewehr des weissen Mannes (*gapelo* und *yovotu* sind Symbole der Kraft) sind niedergestürzt (vom Dache gefallen), weder Pulver noch Feuer können ihnen jetzt mehr helfen.«

Bei Todtenfesten geht das Lied auf den todten Mann, den nichts mehr retten kann. Als Kriegslied bezieht es sich auf den Feind, der trotz seiner Stärke unterliegen soll.

3. *Fiau yabe ava avaua mio avaua*

   kuue yabe yab ava woku niku nibaio

fiau Häuptling, *yabe* = *made* kann nicht, *ava* fechten, *avaua* fechten, *mio* eine schlimme Sache, *kuue* das Tödten, *woku* das Tödten, *niku* das Tödten, *nibaio* ruft.

Ein Kriegslied.　Sinngemässe Übersetzung:

»Der Häuptling kann nicht fechten, Fechten ist eine schlimme Sache, Fechten bedeutet Tödten, er kann nicht fechten, daher wird der Tod ihn rufen.«

Es ist eine Aufmunterung, gegen den unkriegerischen Häuptling der Feinde vorzugehen.

4.　*Atikele toto tome samakia lotome*

aloždo watim apoya bede

ati Baum, *kele* dieser, *to* Wasser, *to* am, *me* drinnen, *sa* stirbt, *makia* drinnen, *lo* er ist, *a* und, *džo* Feuer, *watim* kann nicht, *apoya* schlagen, *bede* nicht.

Ein Kriegslied.　Sinngemässe Übersetzung:

»Der Baum, der am Wasser steht, wird nur im Wasser oder im Feuer zu Grunde gehen, sonst kann ihn Niemand vernichten.«

Man will dem Feind dadurch zu verstehen geben, dass er einem nichts anhaben kann.

Die Lieder 2 bis 4 sind in der Evhe-Sprache gedichtet und zwar, wie meine Berichterstatter angeben, in dem Evhe-Dialekt der Agotime-Leute, den diese neben dem Adangme-Idiom, ihrer eigentlichen Muttersprache, sprechen.

Es wird mir ferner angegeben, dass diese Lieder von den Fö (Dahomeh) stammen und nachträglich übersetzt sind.　Auch Lieder in der Ashanti- (Tshi-) Sprache sollen die Avatime-Leute haben, obwohl nur wenige von ihnen diese Sprache sprechen.

Gesänge der Nkunya-Leute.

5.　*ovie lemifyo abande kesye oreye*

ovie Häuptling, *lemi* Alle zusammen, *fyo* er ruft, *abande* Strasse, *kesye* gross, *oreye* sie kommen.

Ein Todtenlied.　Sinngemässe Übersetzung:

»Der Häuptling ruft Alle zusammen, sie sollen Alle auf die grosse Strasse kommen« (um das Todtenfest zu feiern).

6.　*ofo meïkutupa otofren deanna*

ofo Fremder, *meï kutupa* er kennt die Sache nicht, *otofren* er kümmert sich nicht, *deaṅ* diese Gegend, *una* (*na*) Asche.

Ein Todtenlied.　Sinngemässe Übersetzung:

»Ein Fremder kennt nicht die Angelegenheit der Stadt, er kümmert sich nicht um sie, daher wird er mit Asche bestreut.«

Warum dieses Lied, das doch nur die Machtlosigkeit und Unbeliebtheit der Fremden darstellt, ein Todtenlied ist, habe ich nicht herausbekommen können.

7. *opuni omeň muniye aïn olopo tamadiato*

opuni der Bauch, *omeň* er weiss nicht, *muniye* ich selbst, *aïn* armer
Mann. *olopo* kranker Mann. *tamadiato* er will fressen.

Sinngemässe Übersetzung:

»Mein Bauch weiss nicht (kümmert sich nicht darum), ob ich ein
armer oder ein kranker Mann bin, er will doch seine Nahrung haben.«

Die Gesänge 5 bis 7 sind in der Nkunya-(Guaň-)Sprache. Wie ich
höre, haben die Nkunyas Kriegslieder nur in der Ashanti-Sprache. Da-
homeh-Lieder sollen weder im Urtext noch in Übersetzung vorkommen.

Gesänge der Borada- (Buěm-) Leute.

8. *metepanyeχoχo padala yao yao yao*

Wörtlich: »Du bringst etwas aus dem Busch mit, willkommen, willkommen, willkommen«.

Ein Jägerlied. Es wird zur Begrüssung eines Mannes gesungen, der
einen Elephanten erlegt hat. Als Wahrzeichen für ihren Erfolg pflegen
die Elephantenjäger den Schwanz des Elephanten mitzubringen.

9. *aialadu tete batoligide yao batoligide*

Wörtlich: »Gott tödtet Wild nicht für den Menschen, er betet umsonst, ja, er betet umsonst«.

Ein Jägerlied. Es bedeutet, dass ein Mensch, der sich nur auf sein
Beten und auf seinen Fetisch verlässt, keinen Erfolg haben wird, sondern,
dass man sich selbst anstrengen muss, um etwas zu erreichen.

Es ist mir nur gelungen, diese beiden Lieder in der Borada-Sprache
zu erfahren. Es sind alte Jägerlieder, die mir ein alter Fetischmann, der
noch ein Rindenkleid (*obudye*) und eine runde geflochtene Mütze (beide Be-
kleidungsstücke sind jetzt ganz ausser Gebrauch) trug, mittheilte.

Es sollen sonst ausschliesslich Lieder in der Ashanti-Sprache gesungen
werden, die ja auch von fast allen Leuten in Buěm verstanden wird.

Gesänge der Apafu-Leute.

10. *yenabo zimela menyo ofiabeabe*

Wörtlich: »Gehe, suche ihn, gehe überall herum, um ihn zu finden,
suche ihn auf den Bergen«.

Es ist ein Gebet an die Gottheit, einen Mann, der verloren gegangen
ist, zu suchen.

11. *mekoko lofomadisu*

Wörtlich: »Die Henne, die Küchlein«.

Der Sinn dieses Liedes ist:

»Wie die Henne die Küchlein beschützt, so beschützen die Apafu-
Leute die umwohnenden Stämme.«

Es bezieht sich dies auf die Schmelz- und Schmiedekunst der Apafu-Leute, die sie in Stand setzt, die umliegenden Stämme mit eisernen Waffen und Werkzeugen zu versehen. Sie thun sich auf ihre Berühmtheit als Schmiede viel zu Gute.

Es sind dies die einzigen Lieder in der Apafu-Sprache, die ich zu erkunden vermochte; sie haben sonst noch Lieder in Ashanti und Dahomeh.

Gesänge der Santrekofi-Leute.

12. *goyoba sami lewule ga fali kune yoyo bebonkai blove*

Wörtlich: »Ein grosser Mann kommt hierher, er ist ein guter Mann der weisse Mann, die Hand des weissen Mannes ist gut, deshalb kommen alle Leute zu ihm, sie bitten, dass der weisse Mann nicht so bald sterben möge.«

Das Lied wird oft hinter einander gesungen, und zum Schluss brummt der Chor jedesmal zustimmend.

Die diesem Liede zu Grunde liegende Geschichte spielt im letzten Ashanti-Kriege; es war damals mit den Missionaren Ramseyer und Kühne zusammen ein Franzose Namens Bone (dieser letztere Name ist mir von den Santrekofi-Leuten genannt worden) mehrere Jahre in Kumasi bei den Ashantis gefangen. Die Sage in Santrekofi erzählt, Bone sei von den Ashantis zur Sclavenarbeit gezwungen worden und das hätten alle umliegenden Stämme für ein schweres Unrecht erklärt. Es sei nicht recht, dass der weisse Mann die Arbeit des schwarzen thue. In jener Zeit sei dies Lied entstanden und habe sich bis heute erhalten.

Die übrigen Lieder der Santrekofi sind in der Ashanti-Sprache, nur dieses eine im Stammesidiom.

Gesänge der Atakpame-Leute.

13. *Dahome blabadya yi Atakpame*
    alidye na tyi

»Die Dahomeh haben die Patronentaschen umgeschnallt, sie wollen nach Atakpame, sie sollen aber draussen (auf dem Wege) bleiben.«

Kriegslied aus der Zeit der Dahomeh-Einfälle, es wird jetzt bei vielen feierlichen Gelegenheiten gesungen.

14. *tetyagosu mazavode alomi mäike*

»Ein grosser Mann soll sich nicht fürchten, weil er viel Geld hat, er soll nicht sagen, dass seine Hand schlecht sei, denn seine Hand macht Alles«.

Dies Lied soll einen reichen Mann, der sein Geld redlich erworben hat, beruhigen, wenn falsche Anklagen gegen ihn erhoben werden.

15. *tonnegaza adode nayami* (wiederholen)

   ee adode nayamia

   adode nayamia

   adode e

»Der Krebs sitzt im Wasser und fürchtet sich nicht. Feuer kann ihm nichts schaden, da er im Wasser sitzt.«

Das Lied wird bei Palavern gesungen; es soll ausdrücken, dass einem die Gegenpartei gerade so wenig anhaben kann, wie das Feuer dem im Wasser sitzenden Krebs.

Die Atakpame-Leute haben, ausser in ihrer Stammessprache, auch Lieder in der Dahomeh-Sprache.

Gesänge der Kebu-Leute.

16. *gumale lomili lelidane foro dyo*

»Gunale (Name) isst es unrechtmässig, es gehört ihm nicht, er soll den Mann in Ruhe lassen, dann ist das Palaver beendet.«

Palaver-Lied, auf die Gegenpartei gesungen.

Dieses Lied ist in der Kebu-Sprache. Leider konnte ich über die sonstigen Gesänge der Kebu wenig in Erfahrung bringen, doch höre ich dass sie auch Lieder in der Ashanti- und Dahomeh-Sprache haben.

Gesänge der Akposso-Leute (Atadi).

17. *nyimalohe ada nyimalo aohagbona enuvide meso*

   daropeteme ada vide meso yahoë

   nyimalohe, koklo adyakple nyimalo saohagbona

»Wir können gehen, wir sind muthig, wir können gehen, wenn Krieg kommt. Was wir finden, auch das Kleinste, nehmen wir, wir stecken es in die Tasche (*peté*), wir sind muthig, wir rauben und gehen dann heim. Wir gehen, wenn Krieg kommt, muthig drauf los, wie das kleine Huhn (*koklo adyakple*), das sich nicht fürchtet.«

Kriegslied in der Dahomeh-Sprache, es wird beim Kriegstanz zur Trommel gesungen.

Das »*koklo adyakple*« gilt in Akposso für das Symbol des Muthes, da es sich vor Raubvögeln nicht fürchtet, sondern mit gesträubten Federn auf dieselben losgeht.

Der ganze Charakter des Gesanges entspricht so recht der räuberischen Art der Akpossos, die bei allen ihren Nachbarn in üblem Ruf stehen.

18. *avumalepo madodo adyiso e adyiso*

Wörtlich: »Der Hund fängt den Leoparden nicht, wer es sieht, es ist nicht wahr«.

Ein Palaverlied in der Dahomeh-Sprache. Es soll die Machtlosigkeit der Gegenpartei (Hund) gegenüber der eigenen (Leopard) illustriren.

19. *adyedadaë tode maii baga*

»Er lügt, kein Fluss ist grösser als der Togo-See« (der Togo-See-*baga* wird von den Akpossos als Fluss bezeichnet).

Dies Lied ist in der Dahomeh-Sprache symbolisch. Gerade so wie kein Fluss grösser ist als der »*baga*«, so ist keine umliegende Landschaft grösser als das Land der Akpossos. Die Akpossos thun sich auf die Grösse ihres Stammes viel zu Gute, die von ihnen angegebene Zahl von 150 Dörfern mag der Wirklichkeit ziemlich nahe kommen. Bei den Nachbarn geht folgendes Sprichwort: »Akposso hat 100 Dörfer, aber es lebt dort kein Mann, dem 2 Dörfer gehorchen«. Dies Sprichwort hat viel Wahres.

20. *agbede mele yaⱪozo e oyiⱪe agbede nava*

wiederholen

agbede nava mi yiⱪe aybede nava

»Der Schmied ist nicht da, das Eisen ist heiss, lass den Schmied herrufen, den Schmied rufe her, den Schmied her.«

Dies Lied in der Dahomeh-Sprache wird bei Palavern gesungen, wenn ein junger Mensch sich in Sachen mischt, die er nicht versteht. Ein erfahrener Mann (der Schmied) soll kommen und sich der Angelegenheit (das heisse Eisen) annehmen.

21. *oludunu nabonę kalę yayuⱪe asunoⱪule*

oludunu Haus, *nabo* nicht gut, *ne* euphonische Nachsilbe, *kale* stark, *yayuⱪe* ist zu Ende (Eve: *evo*), *asu* sieh zu, *ⱪule* mache es, *no* ich bez. mich. Lied in der Akposso-Sprache. Sinngemäss übersetzt: »Das Haus eines Anderen eignet sich nicht für eine kräftige That, thue nichts in einem fremden Haus, sondern merke wohl auf und handle in deinem eigenen Hause, d. h. Jeder kümmere sich nur um seine eigenen Sachen.«

22. *mokokoa nabyena gela fadono amoli kana bme*

mokokoa ich habe kein Kleid, *nabye* ich tanze nicht, *nagela* ich habe nichts, *fadono* ich bin traurig, *amoli kana* lacht nicht über mich, *bme* ich will es nicht.

Dies Lied in der Akposso-Sprache denkt man sich von einem armen Teufel gesungen, dem es schlecht geht. Es wird auch als Todtenlied gesungen und dann dem Todten in den Mund gelegt.

23. *awcane ewomoli*

ᴗ – ᴗ ᴗ – ᴗ –

awe kleine Erbsenart, *awo* Palmnuss, *wowoli* sie lacht über ihn.
Dies Lied in der Akposso-Sprache ist ein Todtenlied. Die Worte
»die Palmnuss lacht über die Erbse« sind symbolisch zu verstehen. Der
Todte lacht über den Lebendigen, denn der Lebendige wird später auch
sterben. Ebenso sagt die Palmnuss zur Erbse: »Wir werden alle geröstet
und gehen nachher durch denselben Mund«. (Dies sind die eigenen Worte
des Berichterstatters.)

24. *ukwauno kayamo nadum ba edi ete*

– –᷂ ᴗ – – ᴗ – –   – ᴗ – ᴗ ᷂

uku Tod, *awuno* tödtet mich, *kayamo* alle lachen über mich, *nadumbo*
ihr werdet ihn auch sehen, *ete* morgen, *edi* ein anderer Mann.
Ein Todtenlied in der Akposso-Sprache. Sinngemässe Übersetzung:
»Jetzt hat mich der Tod gerufen, und ihr Alle lacht mich aus, aber
in kurzer Zeit (morgen) werdet ihr den Tod auch sehen, ihr Anderen.«

Fetisch-Lieder aus Gbelle und Muatschä.

25. *oakaka blenu deme ayedyi* wiederholen

– ᴗ ᴗ   ᴗ –   ᴗ ᷂ – ᴗ –

oakaka demeleme

–– ᷂ ᴗ ᴗ ᴗ᷂ ᴗ

oakaka er muss lernen, *blenu* er lügt, *deme* in, *ayedyi* gehe, mache
schnell, *deme leme* bringe ihn.
Ein Fetischlied in der Evhe-Sprache; es wird gesungen, wenn ein
junger Mann den Fetischcult lernen soll. Sinngemässe Übersetzung:
»Er muss lernen, lasst euch nichts vorreden, macht schnell und bringt
ihn hierher.«

26. *aχoyinyinera domi alemiao ahodedede ahodyorube alemiao*

– ᴗ ᴗ – ᴗ ᷂   ᷂ – – – –᷂ᴗ – ᴗ ᷂ ᴗ ᴗ – ᴗ   – – ᷂ – ᴗ ––᷂

Wörtlich: »Das Palaver ist schwierig, wir Alle sind versammelt, gehe
hinaus und komme her, komme bedachtsam, bedachtsam; es ist nicht gut,
dass du im Hause bist, gehe hinaus in den Busch und komme her«.
Ein Fetischlied in der Fetischsprache von Gbelle und Muatschä.
Es werden die Leute zum Fetischcult hinausgerufen.

27. *χona bonure mato yoχe χonae bonure mate*

– ᷂   – – ᷂   – – ᷂   – – ᷂ – – ᷂   – ᷂

Wörtlich: »Das Fetisch-Palaver ist schwierig, ich komme hinaus;
das Fetisch-Palaver ist schwierig für mich, ich komme hinaus«.
χona = *χonaë* es ist schwer für mich, *bonure mato* = *bonure mate*
ich komme hinaus, *yoχe* Fetisch-Palaver.
Ein Fetischlied in der Fetischsprache von Gbelle und Muatschä.
Es scheint mir die Antwort auf das vorige Lied darstellen zu sollen.

28. *koleviu daᵏ mĕe koleviu yeneku*

mebaviue daᵏ mĕa me mebavye yeneku

Wörtlich: »Ich habe kein Geld, mein Fetisch kennt mich, ich habe kein Geld, ich gehe hinein; der ist der Sohn eines reichen Mannes, sein Fetisch kennt seine Eltern, der ist der Sohn eines reichen Mannes, er geht hinein«.

Ein Fetischlied in der Fetischsprache von Gbelle und Muatschä.

Es giebt Fetische für arme und Fetische für reiche Leute; das Lied will ausdrücken, dass jeder Fetisch seine Leute wohl kenne, Jeder solle sich daher an seinen Fetisch wenden.

29. *melanyive anyive lado wuma ahoru puma wiyo*

Wörtlich: »Der junge Mann sitzt da ruhig; er hat einen bekannten Namen, kein Mann ist stärker als er; er fragt: bist du stärker als ich?«

Ein Fetischlied in der Fetischsprache von Gbelle und Muatschä.

Was dem Liede die Eigenschaft eines Fetischliedes giebt, konnte ich nicht erfahren; vielleicht soll der »Mann«, der gepriesen wird, den Fetisch personificiren.

CURRICULUM VITAE.

Ego Rudolfus Plehn, filius Antonii Plehn, possessoris latifundii, quod vocant, equestris, natus sum a. d. VII. Kal. Martias anno 1868 Lubochini, qui vicus situs est in provincia Borussia, quae ad occidentem vergit. Auctumno anni 1876 gymnasio Marienwerderano adscriptus ibique vere anni 1887 maturitatis testimonium adeptus ad rem saltuariam incubui et usu eius rei, qualem lex postulat, firmatus ab anno 1890 usque ad annum 1892 academiam Eberswaldensem, rei saltuariae studiis dicatam, adii ibique ab existimatoribus publice probatus referendarius, qui dicitur, rei saltuariae ac biennio post assessor eiusdem artis factus sum. Militiae muneribus anno 1887/88 functus cum anno 1890 in centurionalem gradum promotus essem, eodem anno in eam cohortem transii, quam appellant venatorum equitantium (Reitendes Feldjägercorps). Anno 1895 in curam rerum externarum accitus in coloniam Togo missus sum, ubi usque ad annum 1897 stationi, cui nomen est Misahöhe, praefui. Inde postquam redii, in hac urbe curae rerum externarum operam praesto. Universitatum quae vocantur disciplinis usus sum Marburgensis hieme anni 1887/88 et aestate anni 1888, Berolinensis hieme anni 1888/89, Monacensis aestate anni 1889, Berolinensis aestate anni 1894 et hieme anni 1897/98.

———

Berlin, gedruckt in der Reichsdruckerei.